Impressum
Verlag: BABADADA GmbH, Nedderfeld 112 , 22529 Hamburg
Geschäftsführer / Verlagsleitung: Harald Hof
Druck: Books on Demand GmbH, In de Tarpen 42, 22848 Norderstedt

Imprint
Publisher: BABADADA GmbH, Nedderfeld 112 , 22529 Hamburg, Germany
Managing Director / Publishing direction: Harald Hof
Print: Books on Demand GmbH, In de Tarpen 42, 22848 Norderstedt

# məktəb

# koulu

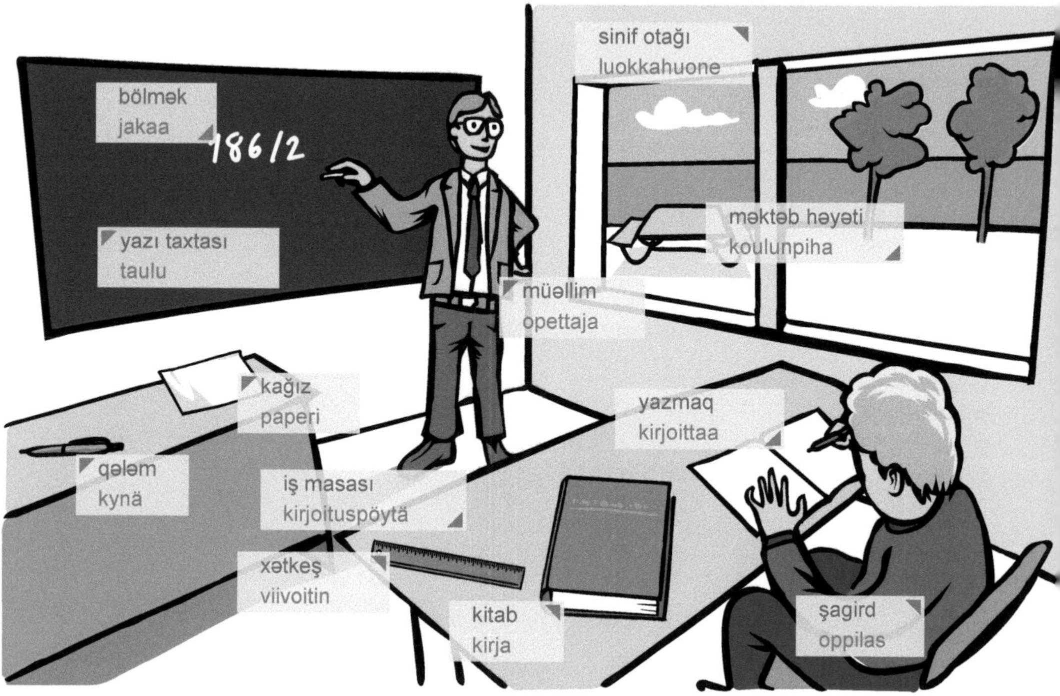

sinif otağı
luokkahuone
bölmək
jakaa
186/2
yazı taxtası
taulu
məktəb həyəti
koulunpiha
müəllim
opettaja
kağız
paperi
yazmaq
kirjoittaa
qələm
kynä
iş masası
kirjoituspöytä
xətkeş
viivoitin
kitab
kirja
şagird
oppilas


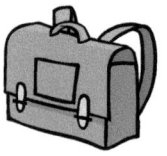

məktəbli çantası

reppu

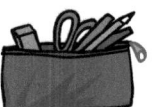

karandaş qabı

penaali

karandaş

lyijykynä

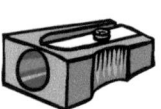

karandaş yonan

kynänteroitin

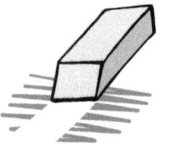

pozan

pyyhekumi

rəsm albomu

piirustuslehtiö

rəsm

piirustus

boya fırçası

pensseli

boya qutusu

vesivärit

qayçı

sakset

yapışdırıcı

liima

dəftər

harjoituskirja

ev tapşırığı

kotitehtävä

say

luku

əlavə etmək

lisätä

çıxmaq

vähentää

vurmaq

kertoa

hesablamaq

laskea

hərf

kirjain

A B C D E F G
H I J K L M N
O P Q R S T U
V W X Y Z

əlifba

aakkoset

hello

söz

sana

məktəb - koulu

mətn
teksti

oxumaq
lukea

tabaşir
liitu

dərs
oppitunti

sinif jurnalı
opettajan muistikirja

imtahan
koe

təhsil haqqında sənəd
todistus

məktəb uniforması
koulupuku

təhsil
koulutus

ensiklopediya
sanakirja

universitet
yliopisto

mikroskop
mikroskooppi

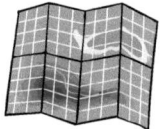

xəritə
kartta

zibil qutusu
roskakori

# səyahət
# matka

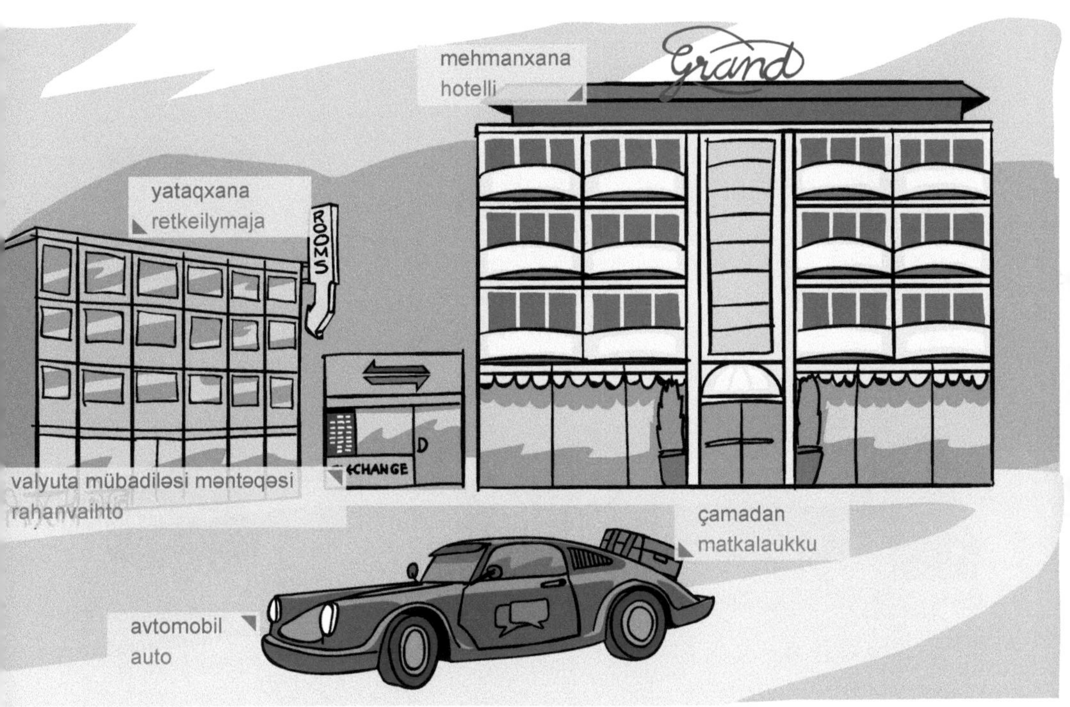
mehmanxana
hotelli
Grand
yataqxana
retkeilymaja
ROOMS
EXCHANGE
valyuta mübadiləsi məntəqəsi
rahanvaihto
çamadan
matkalaukku
avtomobil
auto

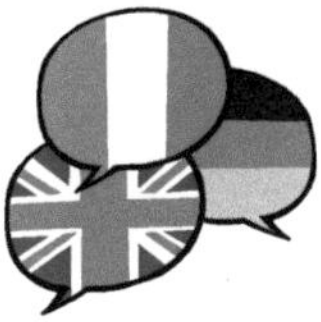

dil
kieli

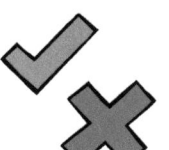

bəli/xeyr
kyllä / ei

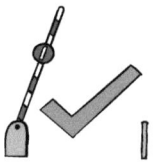

oldu
selvä

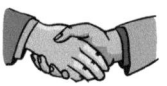

salam
hei

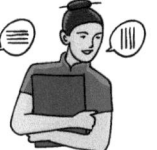

tərcüməçi
tulkki

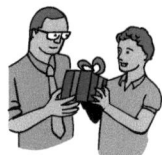

Təşəkkür edirəm
kiitos

giyməti nə qədərdir ...?

Paljonko...maksaa?

mən başa düşmürəm

en ymmärrä

problem

ongelma

Axşamınız xeyir!

Hyvää iltaa!

Sabahınız xeyir!

Hyvää huomenta!

Gecəniz xeyrə galsin!

Hyvää yötä!

hələlik

näkemiin

istiqamət

suunta

baqaj

matkatavarat

torba

laukku

kürək çantası

reppu

qonaq

vieras

otaq

huone

yataq-çuval

makuupussi

çadır

teltta

turistlər üçün məlumat

turisti-info

çimərlik

ranta

kredit kartı

luottokortti

səhər yeməyi

aamupala

günorta yeməyi

lounas

nahar yeməyi

päivällinen

bilet

matkalippu

lift

hissi

poçt markası

postimerkki

sərhəd

raja

gömrük

tulli

səfirlik

suurlähetystö

viza

viisumi

pasport

passi

təyyarə
lentokone

gəmi
laiva

yanğınsöndürmə maşını
paloauto

avtobus
linja-auto

tir/yük maşını
kuorma-auto

motorlu qayıq
moottorivene

velosiped
polkupyörä

avtomobil
auto

bərə

lautta

qayıq

vene

motosiklet

moottoripyörä

polis avtomobili

poliisiauto

yarış avtomobili

kilpa-auto

icarə avtomobili

vuokra-auto

8

nəqliyyat - kuljetus

avtomobil icarəsi

car sharing

texniki yardım maşını

hinausauto

zibil maşını

roska-auto

mühərrik

moottori

yanacaq

polttoaine

benzin doldurma məntəqəsi

huoltoasema

yol nişanı

liikennemerkki

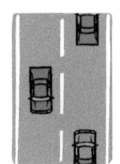

yol hərəkəti

liikenne

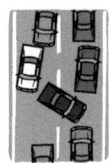

tıxac

ruuhka

avtomobil dayanacağı

parkkipaikka

dəmir yolu stansiyası

rautatieasema

dəmiryol

raiteet

qatar

juna

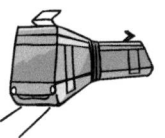

tramvay

raitiovaunu

vaqon

vaunu

helikopter

helikopteri

hava limanı

lentokenttä

qüllə

lähilennonjohto

sərnişin

matkustaja

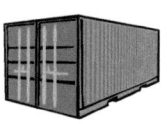

konteyner

kontti

karton qutu

pahvilaatikko

əl arabası

kärryt

səbət

kori

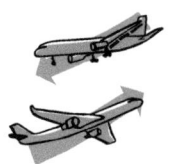

qalxmaq / enmək

nousta / laskea

## şəhər

## kaupunki

kənd

kylä

şəhər mərkəzi

keskusta

ev

talo

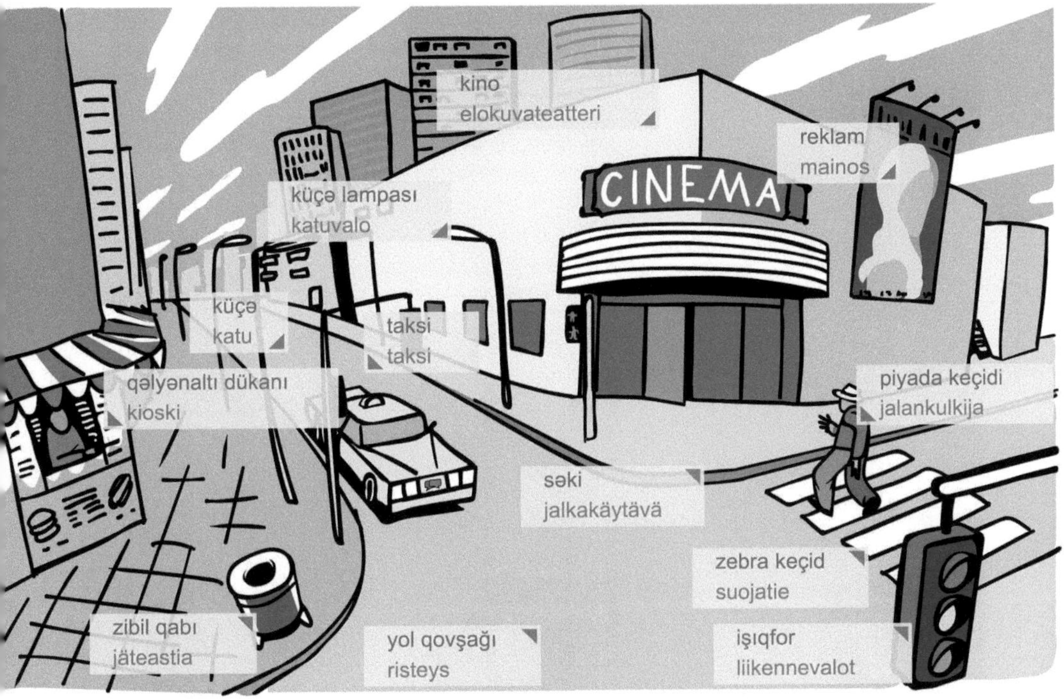
kino
elokuvateatteri
reklam
mainos
CINEMA
küçə lampası
katuvalo
küçə
katu
taksi
taksi
qəlyənaltı dükanı
kioski
piyada keçidi
jalankulkija
səki
jalkakäytävä
zebra keçid
suojatie
zibil qabı
jäteastia
yol qovşağı
risteys
işıqfor
liikennevalot

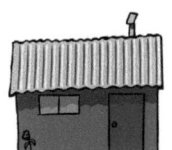

daxma

mökki

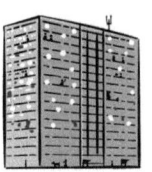

mənzil

kerrostalo

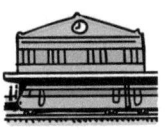

dəmir yolu stansiyası

rautatieasema

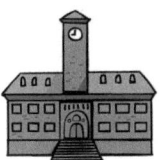

bələdiyyə binası

kaupungintalo

MUSEUM

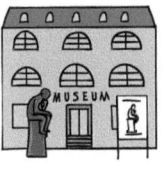

muzey

museo

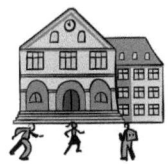

məktəb

koulu

universitet
yliopisto

bank
pankki

xəstəxana
sairaala

mehmanxana
hotelli

aptek
apteekki

ofis
toimisto

kitab dükkanı
kirjakauppa

dükan
liike

çiçək dükanı
kukkakauppa

supermarket
supermarketti

bazar
tori

univermaq
tavaratalo

balıq satıcısı
kalakauppias

ticarət mərkəzi
ostoskeskus

liman
satama

park

puisto

oturacaq

penkki

körpü

silta

pilləkən

portaat

metro

metro

tunel

tunneli

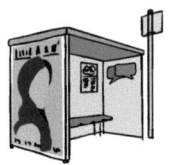

avtobus dayanacağı

linja-autopysäkki

bar

baari

restoran

ravintola

poçt qutusu

postilaatikko

küçə nişanı

katukyltti

parkinq sayğacı

parkkimittari

zoopark

eläintarha

üzgüçülük hovuzu

uimala

məscid

moskeija

ferma

maatila

ətraf mühitin çirklənməsi

ympäristön saastuminen

məzarlıq

hautausmaa

kilsə

kirkko

oyun meydançası

leikkikenttä

məbəd

temppeli

## mənzərə

## maisema

yarpaq
lehti

yol nişanı
tienviitta

yol
tie

çəmən
niitty

daş
kivi

piyada səyyah
retkeilijä

ağac
puu

çay
joki

ot
ruoho

gül
kukka

vadi

laakso

təpə

vuori

göl

järvi

meşə

metsä

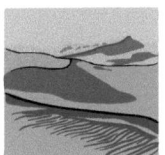

səhra

aavikko

vulkan

tulivuori

qəsr

linna

göy qurşağı

sateenkaari

göbələk

sieni

palma

palmu

ağcaqanad

hyttynen

milçək

kärpänen

qarışqa

muurahainen

arı

mehiläinen

hörümçək

hämähäkki

böcək
kovakuoriainen

qurbağa
sammakko

dələ
orava

kirpi
siili

dovşan
jänis

bayquş
pöllö

quş
lintu

qu quşu
joutsen

qaban
villisika

maral
peura

sığın
hirvi

su bəndi
pato

külək turbini
tuulimylly

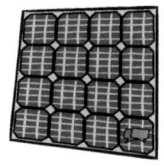

günəş batareyası
aurinkopaneeli

iqlim
ilmasto

16     mənzərə - maisema

# restoran

# ravintola

ofisiant
tarjoilija
menyu
ruokalista
kreslo
tuoli
şorba
keitto
pizza
pitsa
bıçaq, çəngəl, qaşıq
ruokailuvälineet
süfrə
pöytäliina

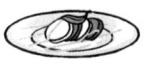

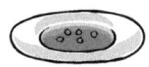

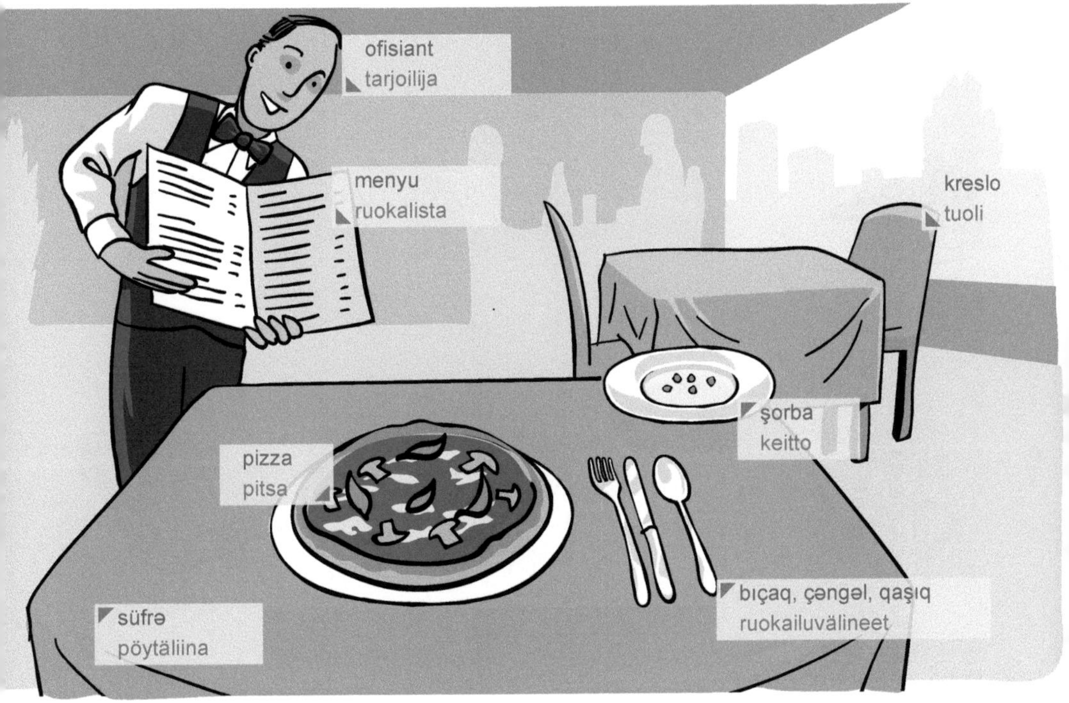

məzə

alkuruoka

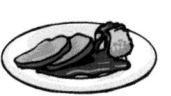

əsas yemək

pääruoka

desert

jälkiruoka

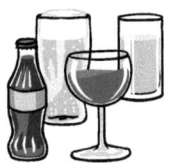

içkilər

juomat

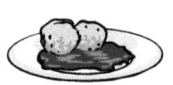

yemək

ruoka

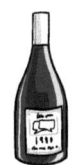

şüşə

pullo

fast food

pikaruoka

küçə yeməkləri

katuruoka

çaynik

teekannu

qəndqabı

sokeriastia

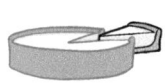

pay

annos

espresso maşını

espressokeitin

hündür uşaq kreslosu

syöttötuoli

faktura

lasku

nimçə

tarjotin

bıçaq

veitsi

çəngəl

haarukka

qaşıq

lusikka

çay qaşığı

teelusikka

salfet

servietti

şüşə

lasi

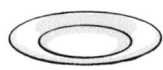

boşqab

lautanen

şorba boşqabı

syvä lautanen

nəlbəki

aluslautanen

sous

kastike

duz qabı

suolasirotin

biberüyüdən

pippurimylly

sirkə

etikka

duru yağ

öljy

ədviyyat

mausteet

ketçup

ketsuppi

xardal

sinappi

mayonez

majoneesi

# supermarket

# supermarketti

xüsusi təklif
tarjous
FOR
müştəri
asiakas
süd məhsulları
maitotuotteet
meyvə
hedelmät
alış-veriş arabası
ostoskärryt

BUTCHERS

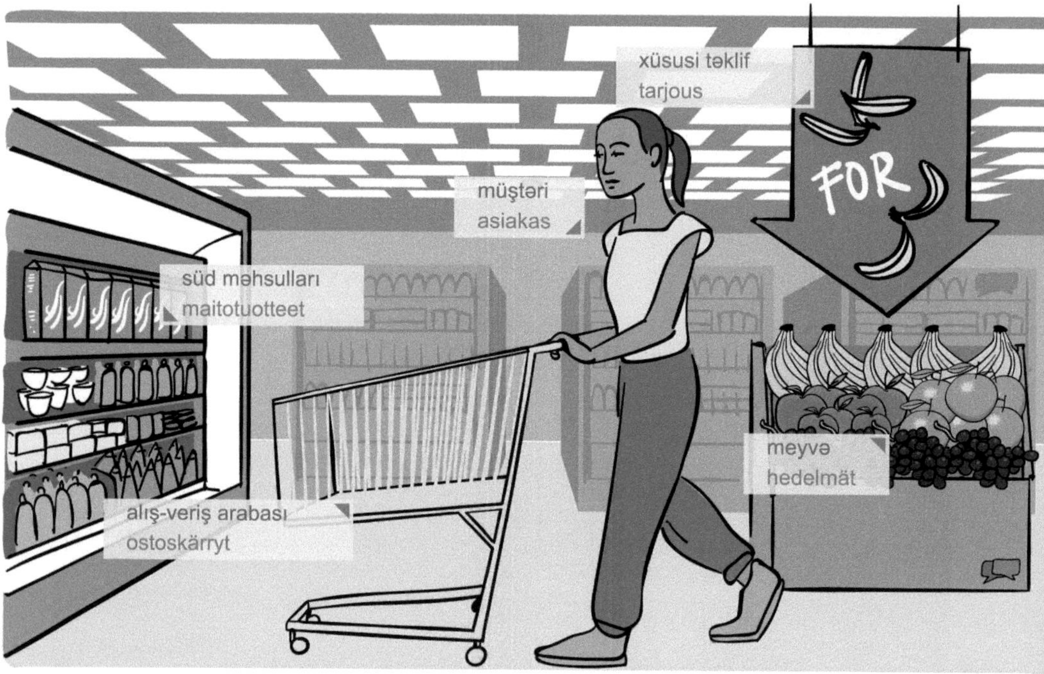

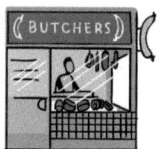

qəssab dükanı

teurastamo

BAKERY

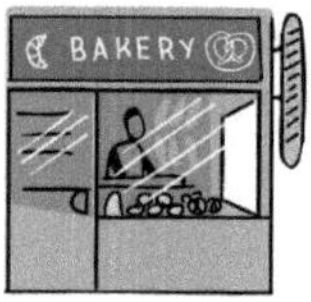

çörəkçi

leipomo

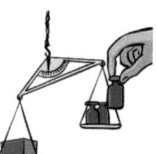

çəkmək

punnita

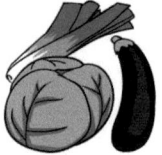

tərəvəz

kasvikset

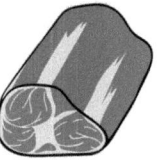

ət

liha

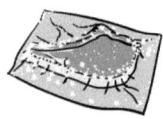

dondurulmuş qida

pakasteet

soyuq ət yeməyi

leikkele

konservləşdirilmiş qida

säilykkeet

yuyucu toz

pesujauhe

şirniyyat

makeiset

təsərrüfat malları

kotitaloustarvikkeet

yuyucu vasitələr

puhdistusaineet

satıcı

myyjä

kassa

kassa

kassir

kassanhoitaja

alış-veriş siyahısı

ostoslista

iş saatları

aukioloajat

pul kisəsi

lompakko

kredit kartı

luottokortti

torba

kassi

plastik torba

muovipussi

# içkilər

## juomat

su
vesi

şirə
mehu

süd
maito

cola
kokis

şərab
viini

pivə
olut

alkoqollu içkilər
alkoholi

kakao
kaakao

çay
tee

qəhvə
kahvi

espresso
espresso

kapuçino
cappuccino

banan
banaani

alma
omena

portağal
appelsiini

yemiş
meloni

limon
sitruuna

yerkökü
porkkana

sarımsaq
valkosipuli

bambuq
bambu

soğan
sipuli

göbələk
sieni

qoz-fındıq
pähkinät

əriştə
spagetti

spagetti

spagetti

düyü

riisi

salat

salaatti

cips

ranskalaiset

qızardılmış kartof

paistetut perunat

pizza

pitsa

hamburger

hampurilainen

sandviç

voileipä

eskalop

leike

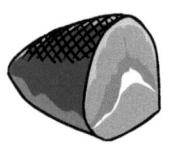

hisə verilmiş donuz əti

kinkku

salyami

salami

kolbasa

makkara

toyuq

kana

qızardılmış ət tikəsi

paisti

balıq

kala

yulaf yarması

kaurahiutaleet

müsli

mysli

partlaq qarğıdalı

murot

un

jauho

kruassan

voisarvi

bulka

sämpylä

çörək

leipä

tost

paahtoleipä

peçenye

keksit

kərə yağı

voi

kəsmik

rahka

tort

kakku

yumurta

kananmuna

qayğanaq

paistettu kananmuna

pendir

juusto

yemək - ruoka

dondurma

jäätelö

şəkər

sokeri

bal

hunaja

mürəbbə

hillo

şokolad pastası

suklaapähkinälevite

köri

curry

# ferma
# maatila

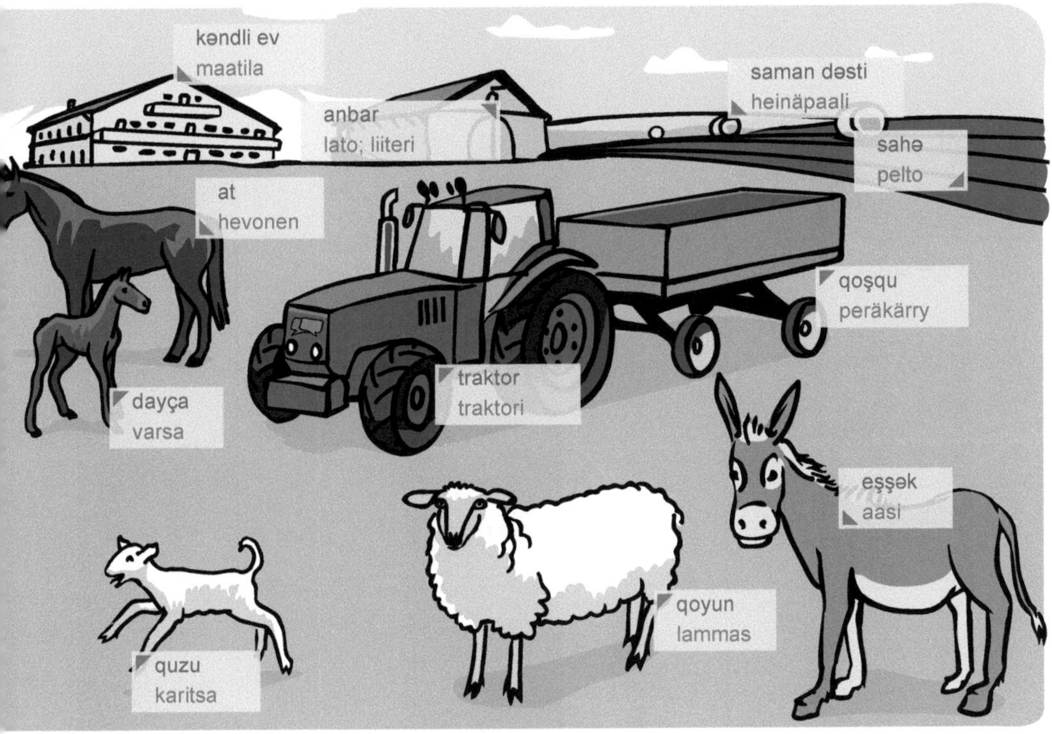
kəndli ev
maatila
anbar
lato; liiteri
saman dəsti
heinäpaali
sahə
pelto
at
hevonen
qoşqu
peräkärry
traktor
traktori
dayça
varsa
eşşək
aasi
qoyun
lammas
quzu
karitsa

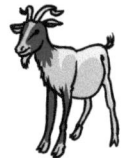

keçi

vuohi

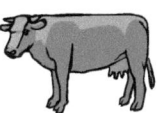

inək

lehmä

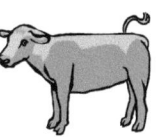

dana

vasikka

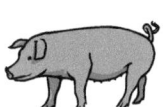

donuz

sika

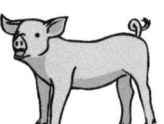

donuz balası

porsas

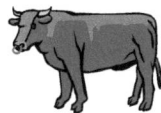

öküz

sonni

qaz

hanhi

ördək

ankka

cücə

tipu

toyuq

kana

xoruz

kukko

siçovul

rotta

pişik

kissa

siçan

hiiri

öküz

härkä

it

koira

itdamı

koirankoppi

bağ şlanqı

puutarhaletku

susəpən

kastelukannu

dəryaz

viikate

kotan

aura

oraq
sirppi

kətman
kuokka

yaba
talikko

balta
kirves

əl arabası
kottikärryt

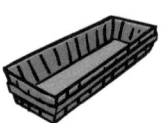

çalov
kaukalo

süd bidonu
maitokannu

çuval
säkki

çəpər
aita

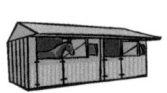

tövlə
talli

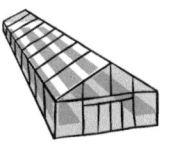

istixana
kasvihuone

torpaq
maa

toxum
siemen

gübrə
lannoite

taxılbiçən kombayn
leikkuupuimuri

məhsul yığmaq

kerätä sato

məhsul yığımı

sato

yam

jamssit

buğda

vehnä

soya

soija

kartof

peruna

dən

maissi

raps

rypsi

meyvə ağacı

hedelmäpuu

maniok

maniokki

yarma

vilja

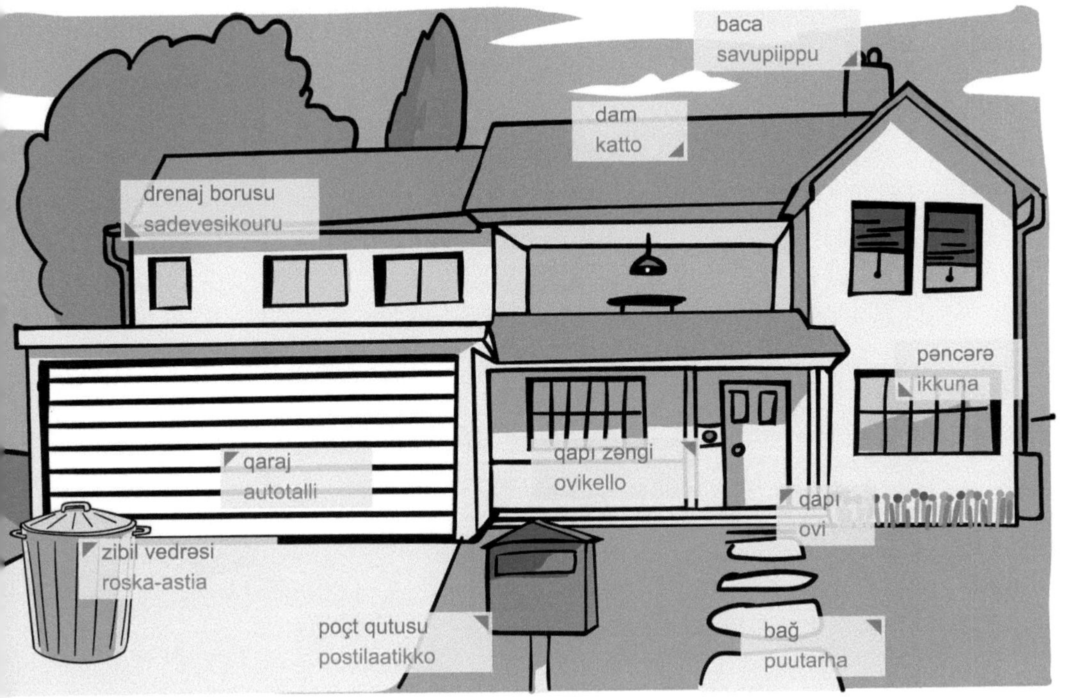

baca
savupiippu

dam
katto

drenaj borusu
sadevesikouru

pəncərə
ikkuna

qaraj
autotalli

qapı zəngi
ovikello

qapı
ovi

zibil vedrəsi
roska-astia

poçt qutusu
postilaatikko

bağ
puutarha

qonaq otağı
................
olohuone

hamam otağı
................
kylpyhuone

mətbəx
................
keittiö

yataq otağı
................
makuuhuone

uşaq otaqı
................
lastenhuone

yemək otağı
................
ruokahuone

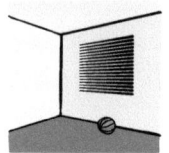

döşəmə

lattia

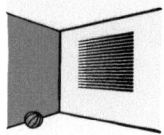

divar

seinä

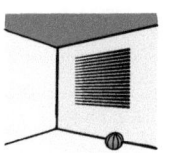

tavan

katto

zirzəmi

kellari

sauna

sauna

balkon

parveke

terras

terassi

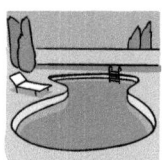

üzgüçülük hovuzu

uima-allas

otbiçən maşın

ruohonleikkuri

mələfə

lakana

yataq örtüyü

päiväpeitto

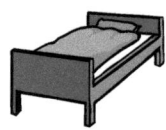

yataq

sänky

süpürgə

harja

vedrə

ämpäri

elektrik açarı

katkaisin

# qonaq otağı
## olohuone

divar kağızı
tapetti
şəkil
kuva
lampa
lamppu
rəf
hylly
şkaf
kaappi
televiziya
televisio
buxarı
takka
gül
kukka
yastıq
tyyny
divan
sohva
vaza
maljakko
uzaqdan idarəetmə
kaukosäädin


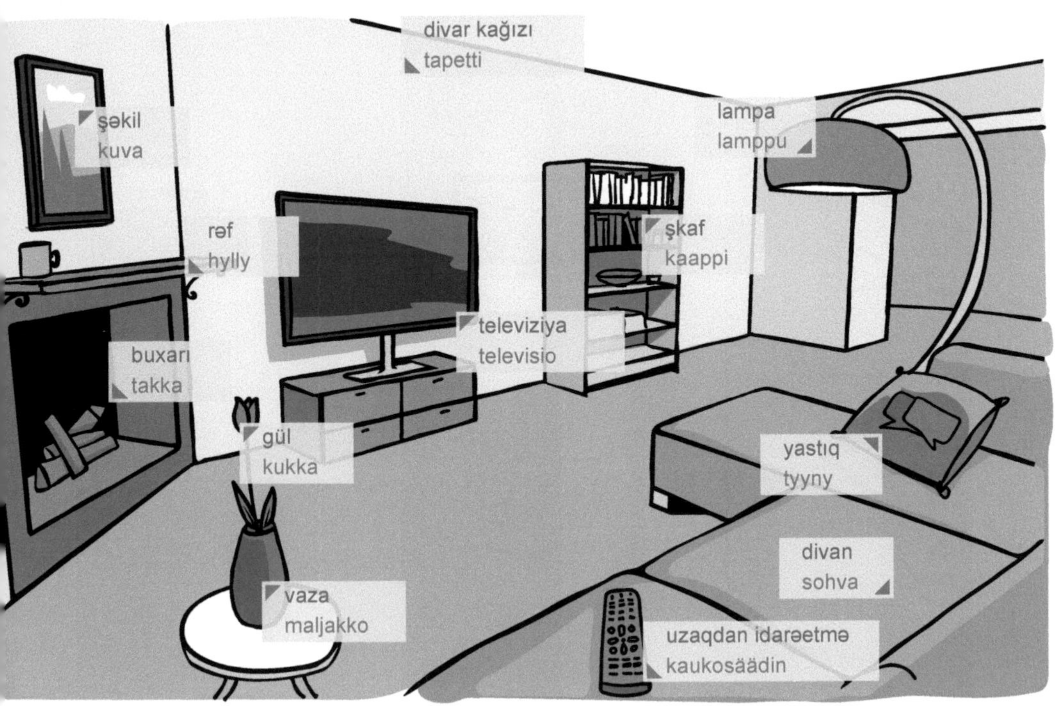

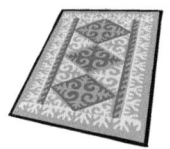

xalça
matto

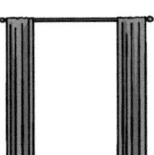

pərdə
verho

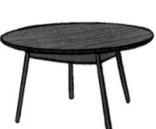

masa
pöytä

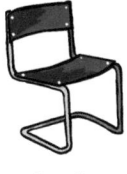

kreslo
tuoli

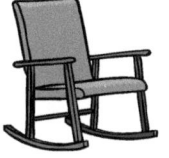

yırğalanan stul
keinutuoli

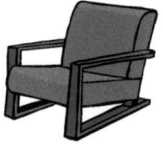

kreslo
nojatuoli

kitab

kirja

yorğan

peitto

bəzək

koriste

odun

polttopuut

film

elokuva

stereo səs sistemi

stereot

açar

avain

qəzet

sanomalehti

rəsm əsəri

maalaus

plakat

juliste

radio

radio

bloknot

muistivihko

tozsoran

pölynimuri

kaktus

kaktus

şam

kynttilä

# mətbəx
# keittiö

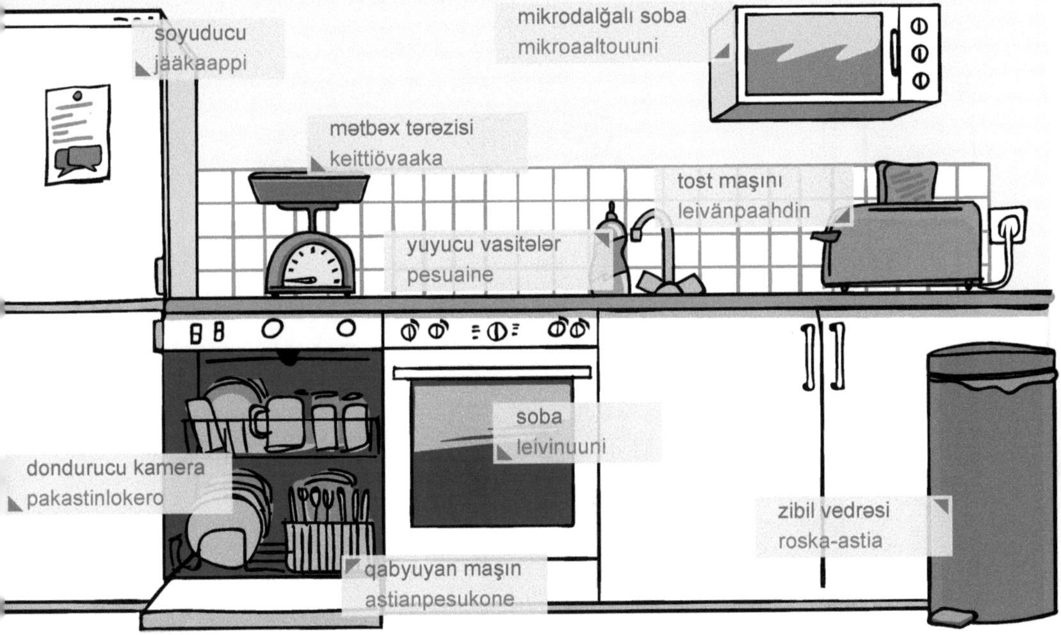

soyuducu
jääkaappi
mikrodalğalı soba
mikroaaltouuni
mətbəx tərəzisi
keittiövaaka
tost maşını
leivänpaahdin
yuyucu vasitələr
pesuaine
soba
leivinuuni
dondurucu kamera
pakastinlokero
zibil vedrəsi
roska-astia
qabyuyan maşın
astianpesukone


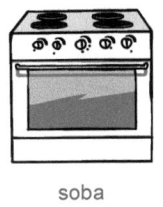

soba
liesi

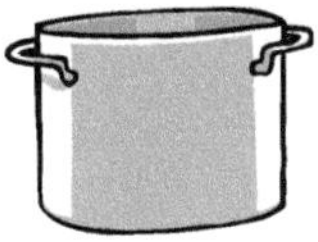

qazan
kattila

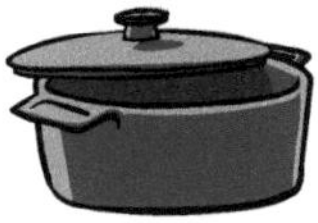

çuqun qazan
rautapata

vok / kadai
vokkipannu / kadai-pannu

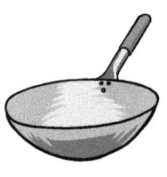

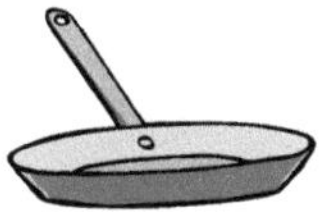

tava
paistinpannu

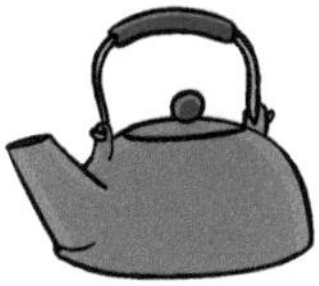

çaydan
teepannu

buxar qazanı

höyrykeitin

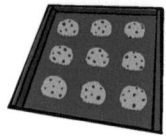

sac

uunipelti

qab

astiat

fincan

muki

ləyən

kulho

yemək üçün çubuqlar

syömäpuikot

çömçə

kauha

spatula

paistinlasta

çırpıcı

vispilä

süzgəc

siivilä

ələk

siivilä

sürtgəc

raastin

həvəngdəstə

mortteli

barbekyu

grilli

ocaq

avotuli

doğrama taxtası

leikkuulauta

oxlov

kaulin

probkaçıxaran

korkinavaaja

banka

purkki

bankaağzıaçan

purkinavaaja

qabtutan

pannulappu

əl üz yuyan

lavuaari

fırça

tiskiharja

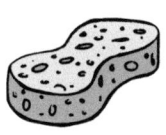

süngər

pesusieni

blender

tehosekoitin

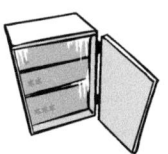

dondurucu

pakastin

körpə şüşəsi

tuttipullo

kran

vesihana

# hamam otağı
# kylpyhuone

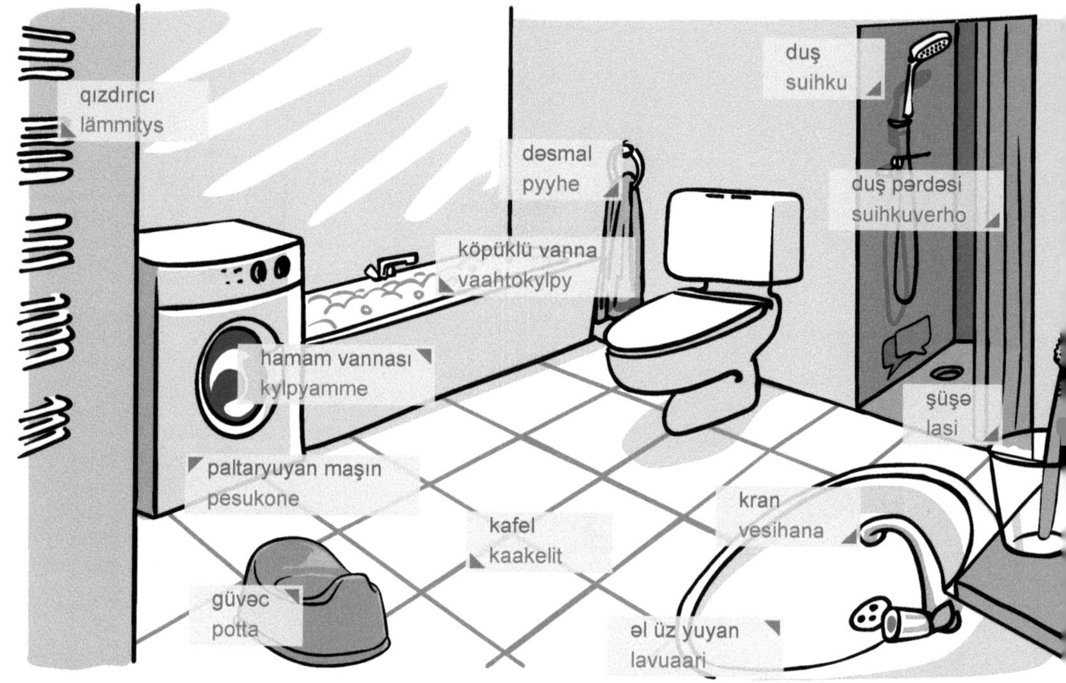
qızdırıcı
lämmitys
duş
suihku
dəsmal
pyyhe
duş pərdəsi
suihkuverho
köpüklü vanna
vaahtokylpy
hamam vannası
kylpyamme
şüşə
lasi
paltaryuyan maşın
pesukone
kran
vesihana
kafel
kaakelit
güvəc
potta
əl üz yuyan
lavuaari

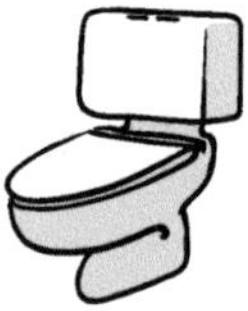

tualet

vessa

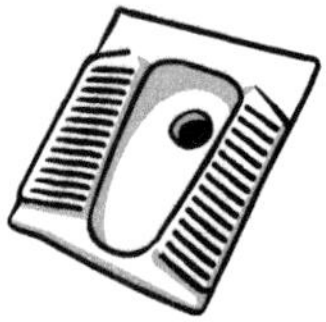

çömbəlmə tualet

kyykkyvessa

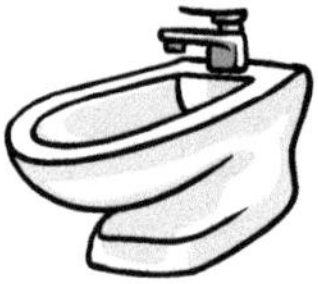

bide

bidee

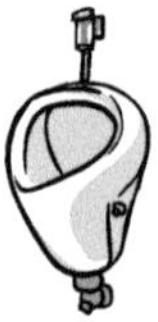

urinal

pisuaari

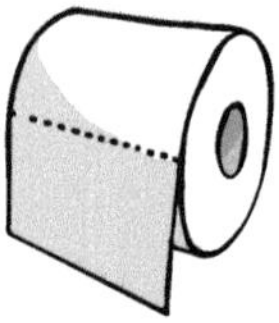

tualet kağızı

vessapaperi

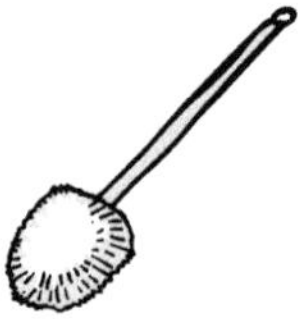

tualet fırçası

vessaharja

**diş fırçası**
hammasharja

**diş pastası**
hammastahna

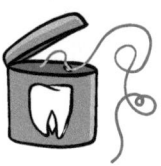

**diş ipi**
hammaslanka

**yumaq**
pestä

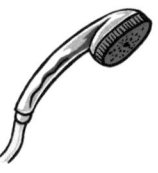

**əl duşu**
käsisuihku

**intim duş**
intiimisuihku

**taz**
pesuvati

**bel fırçası**
selkäharja

**sabun**
saippua

**duş üçün gel**
suihkugeeli

**şampun**
shampoo

**əsgi**
pesulappu

**drenaj**
viemäri

**krem**
voide

**dezodorant**
deodorantti

güzgü

peili

əl güzgüsü

käsipeili

ülgüc

partaveitsi

üz qırxmaq üçün köpük

partavaahto

təraşdan sonra su

partavesi

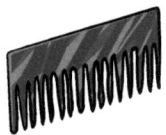

daraq

kampa

fırça

harja

fen

hiustenkuivaaja

saç spreyi

hiuslakka

makiyaj

meikki

dodaq boyası

huulipuna

dırnaq lakı

kynsilakka

pambıq

pumpuli

dırnaq qayçısı

kynsisakset

ətir

hajuvesi

gigiyenik torba

kosmetiikkalaukku

kətil

jakkara

tərəzi

vaaka

hamam xalatı

kylpytakki

rezin əlcək

kumihansikkaat

tampon

tamponi

gigiyenik salfet

terveysside

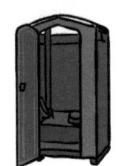

kimyəvi tualet

kemiallinen wc

# uşaq otaqı
# lastenhuone

zəngli saat
herätyskello
yumşaq oyuncaq
pehmolelu
oyuncaq avtomobil
leikkiauto
cingilti
helistin
kukla evciyi
nukkekoti
hədiyyə
lahja


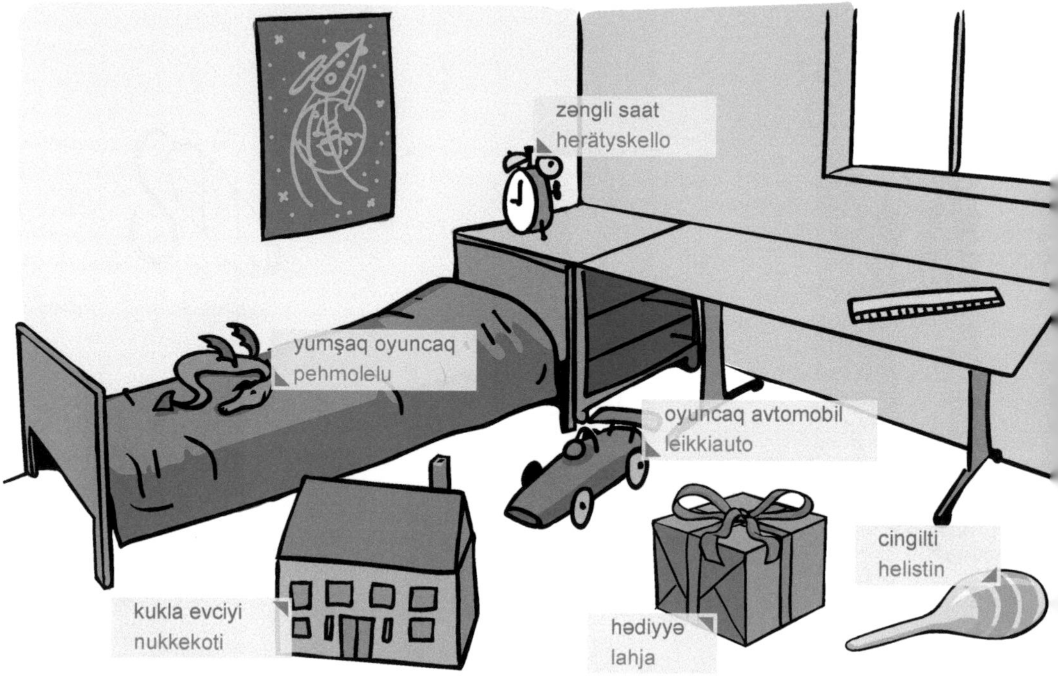

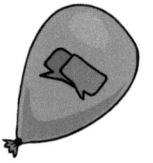

balon

ilmapallo

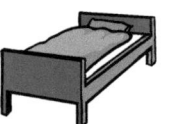

yataq

sänky

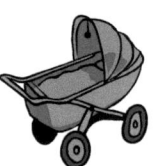

uşaq arabası

lastenvaunut

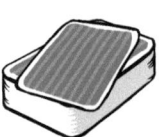

kart dəsti

korttipeli

elektrik mişarı

palapeli

SUPER
MEGA


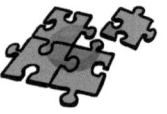

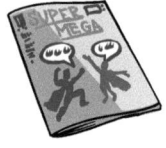

komik

sarjakuva

leqo kərpici

legopalikat

konstruktor blokları

rakennuspalikat

oyuncaq-personaj

supersankari

yeni doğulmuş körpələr
üçün geyimi

potkupuku

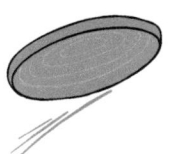

frisbi

frisbee

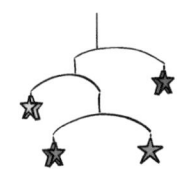

yataq üstünə asılan körpə
oyuncağı

mobile

masaüstü oyun

lautapeli

zər

noppa

oyuncaq qatar

pienoisjunarata

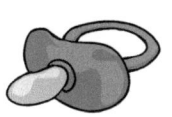

emzik

tutti

qonaqlıq

juhlat

rəsmli kitab

kuvakirja

top

pallo

kukla

nukke

oynamaq

leikkiä

qum qutusu

hiekkalaatikko

yelləncək

keinu

oyuncaqlar

lelut

video oyun konsolu

pelikonsoli

üç təkərli velosiped

kolmipyörä

plüşdən hazırlanmış
oyuncaq ayı

nalle

şkaf

vaatekaappi

# geyim

## vaatteet

corab

sukat

corab

nylonsukat

kalqotka

sukkahousut

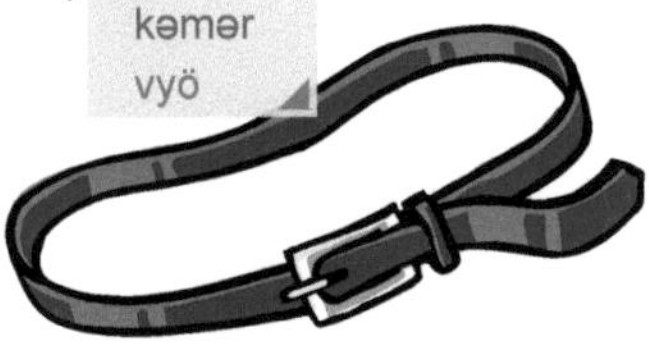

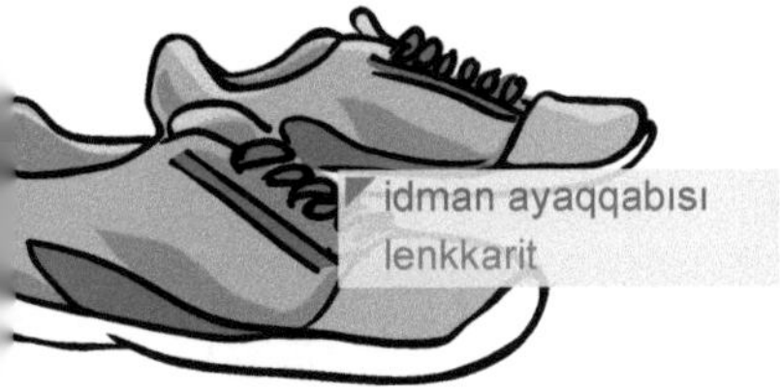

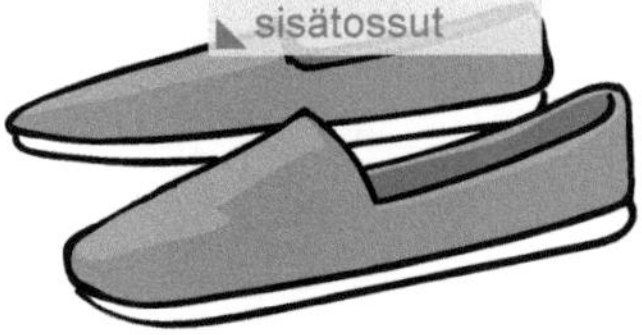

kaşne
kaulaliina

çətir
sateenvarjo

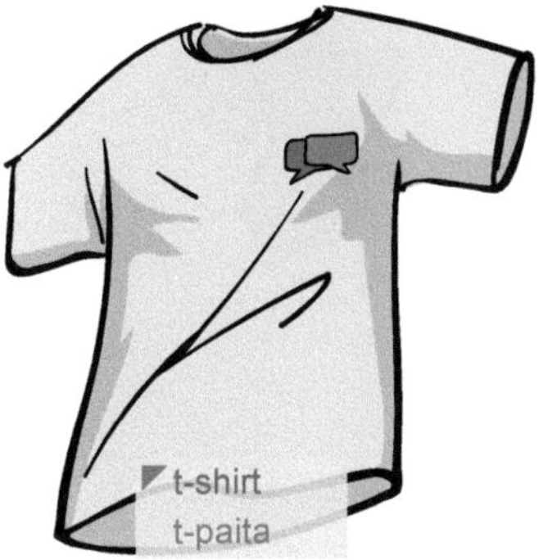

kəmər
vyö

t-shirt
t-paita

çəkmə
saappaat

idman ayaqqabısı
lenkkarit

şəpit
sisätossut

sandallar
..................
sandaalit

ayaqqabı
..................
kengät

rezin çəkmələr
..................
kumisaappaat

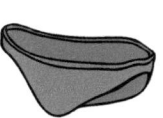

dizlik
..................
alushousut

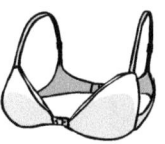

lifçik
..................
rintaliivit

alt köynəyi
..................
aluspaita

geyim - vaatteet

alt paltarı

body

şalvar

housut

cins

farkut

yubka

hame

bluza

pusero

köynək

paita

sviter

villapaita

başlıqlı idman gödəkçəsi

collegepaita

gödəkçə

jakku

gödəkcə

takki

pencək

takki

plaş

sadetakki

kostyum

puku

paltar

mekko

gəlin paltarı

hääpuku

kostyum
puku

gecə köynəyi
yöpaita

pijama
pyjama

sari
shari

hicab / eşarp
päähuivi

çalma
turbaani

burka
burka

kaftan
kaftaani

abaya
abaya

çimərlik geyimi
uimapuku

tumuş
uimahousut

şort
shortsit

məşq kostyumu
verkkarit

önlük
esiliina

əlcək
käsineet

düymə

nappi

eynək

silmälasit

bilərzik

rannekoru

boyunbağı

kaulakoru

üzük

sormus

sırğa

korvakoru

papaq

lippalakki

asılqan

ripustin

papaq

hattu

qalstuk

solmio

zəncirbənd

vetoketju

dəbilqə

kypärä

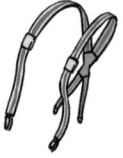

aşırma

henkselit

məktəb uniforması

koulupuku

uniforma

univormu

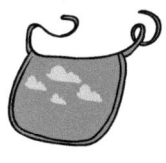

döşlük

ruokalappu

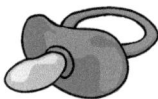

emzik

tutti

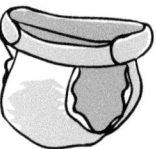

körpə bezi

vaippa

# ofis
# toimisto

server
palvelin
arxiv şkafı
asiakirjakaappi
printer
tulostin
kağız
paperi
monitor
näyttö
siçan
hiiri
iş masası
kirjoituspöytä
qovluq
kansio
klaviatura
näppäimistö
zibil qutusu
roskakori
kompyuter
tietokone
stul
tuoli


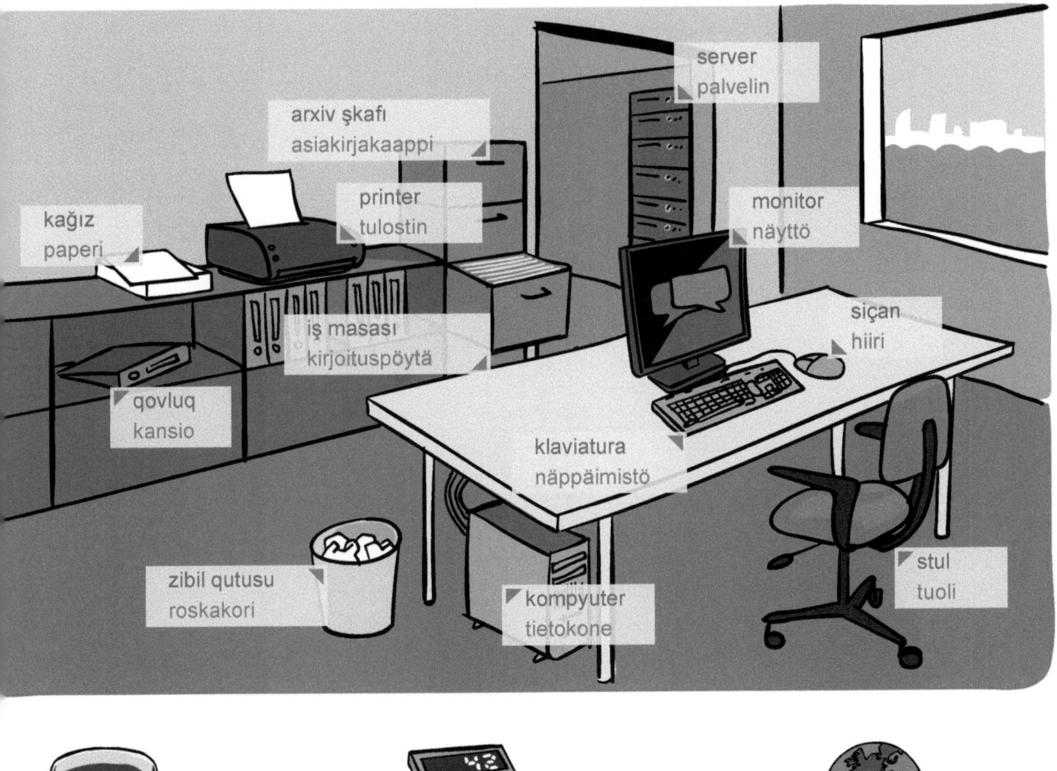

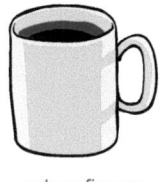

qəhvə fincanı

kahvimuki

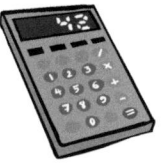

kalkulyator

taskulaskin

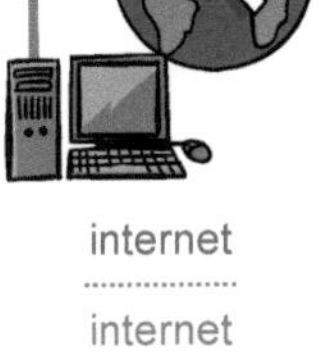

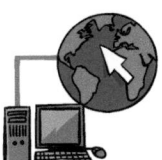

internet

internet

laptop

kannettava tietokone

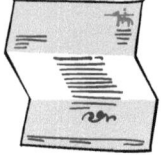

məktub

kirje

mesaj

viesti

mobil telefon

kännykkä

şəbəkə

verkko

surətçıxaran maşın

kopiokone

proqram təminatı

ohjelmisto

telefon

puhelin

ştepsel

pistorasia

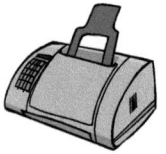

faks

faksi

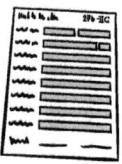

forma

lomake

sənəd

asiakirja

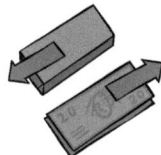

satın almaq

ostaa

ödəmək

maksaa

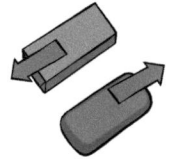

alverlə məşğul olmaq

vaihtaa

pul

raha

dollar

dollari

avro

euro

yen

jeni

rubl

rupla

frank

frangi

renminbi yuan

renminbi juan

rupi

rupia

bankomat

pankkiautomaatti

valyuta mübadiləsi
məntəqəsi

rahanvaihto

qızıl

kulta

gümüş

hopea

neft

öljy

enerji

energia

qiymət

hinta

müqavilə

sopimus

vergi

vero

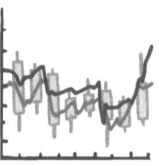

səhm

osake

işləmək

työskennellä

işçi

työntekijä

işəgötürən

työnantaja

fabrik

tehdas

dükan

liike

# peşə
# ammatit

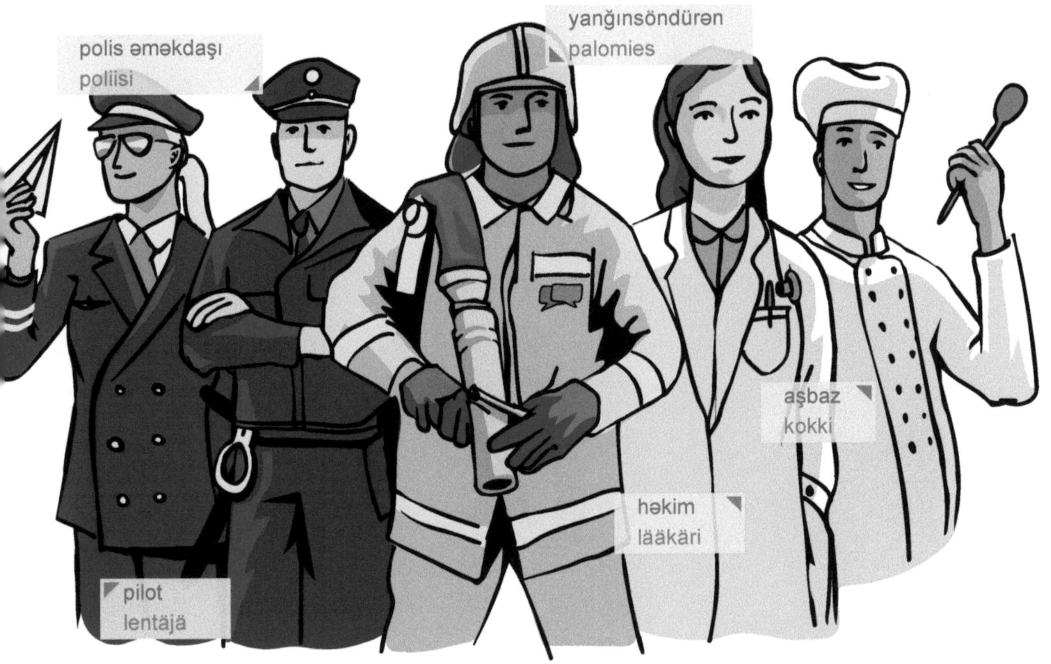

polis əməkdaşı
poliisi
yanğınsöndürən
palomies
aşbaz
kokki
həkim
lääkäri
pilot
lentäjä


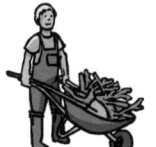

bağban

puutarhuri

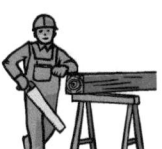

dülgər

puuseppä

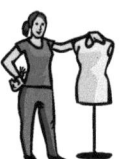

dərzi

ompelija

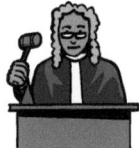

hakim

tuomari

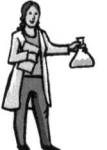

kimyaçı

kemisti

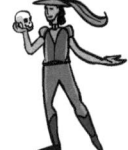

aktyor

näyttelijä

avtobus sürücüsü

linja-autonkuljettaja

taksi sürücüsü

taksinkuljettaja

balıqçı

kalastaja

xadimə

siivooja

dam işçisi

katontekijä

ofisiant

tarjoilija

ovçu

metsästäjä

rəssam

maalari

çörəkçi

leipuri

elektrik ustası

sähköasentaja

inşaat işçisi

rakentaja

mühəndis

insinööri

qəssab

teurastaja

santexnik

putkiasentaja

poçtalyon

postinjakaja

əsgər
sotilas

memar
arkkitehti

kassir
kassanhoitaja

gül-çiçək satıcısı
floristi

bərbər
kampaaja

konduktor
konduktööri

mexanik
mekaanikko

kapitan
kapteeni

diş həkimi
hammaslääkäri

alim
tiedemies

ravvin
rabbi

imam
imaami

rahib
munkki

keşiş
pappi

# alətlər
# työkalut

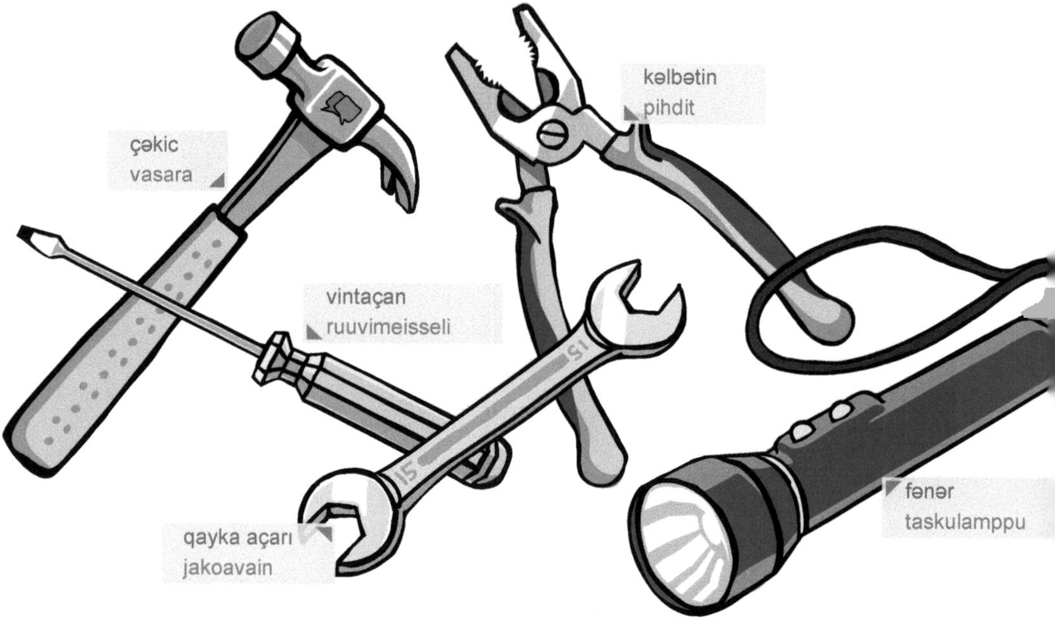

çəkic
vasara
kəlbətin
pihdit
vintaçan
ruuvimeisseli
qayka açarı
jakoavain
fənər
taskulamppu


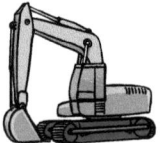

ekskavator

kaivinkone

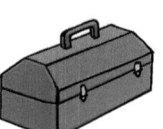

alətlər qutusu

työkalupakki

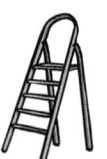

nərdivan

tikkaat

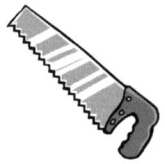

mişar

saha

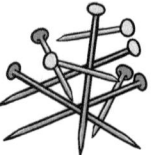

dırnaqlar

naulat

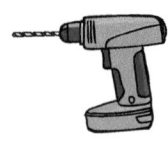

drel

pora

təmir etmək
korjata

kürək
lapio

Lənət olsun!
Hitto!

xəkəndaz
rikkalapio

boya vedrəsi
maalipurkki

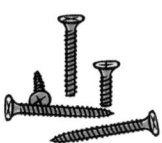

vintlər
ruuvit

## musiqi alətləri
## soittimet

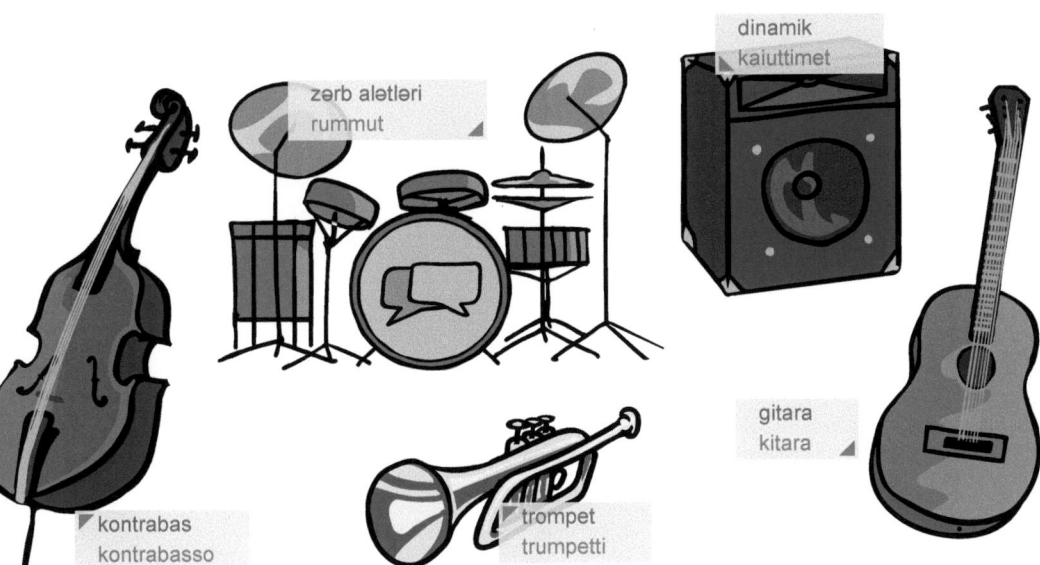

dinamik
kaiuttimet

zərb alətləri
rummut

gitara
kitara

kontrabas
kontrabasso

trompet
trumpetti

fortepiano

piano

skripka

viulu

bas

basso

timpani

patarummut

nağara

rumpu

sintezator

kosketinsoitin

saksafon

saksofoni

fleyta

huilu

mikrofon

mikrofoni

musiqi alətləri - soittimet

# zoopark
## eläintarha

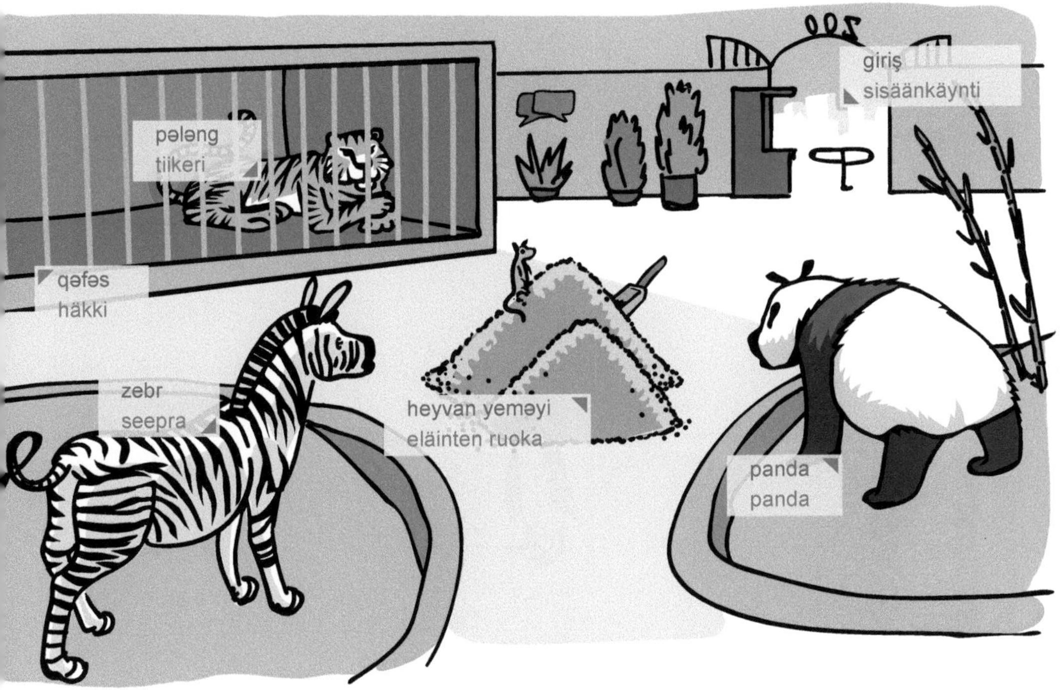

zoo
giriş
sisäänkäynti
pələng
tiikeri
qəfəs
häkki
zebr
seepra
heyvan yeməyi
eläinten ruoka
panda
panda


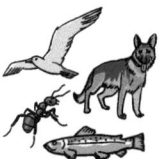

heyvanlar
eläimet

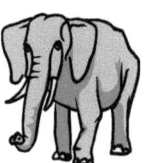

fil
norsu

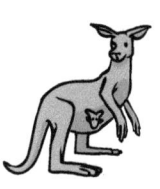

kenquru
kenguru

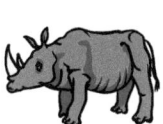

kərgədan
sarvikuono

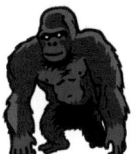

qorilla
gorilla

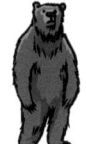

ayı
karhu

dəvə
kameli

dəvəquşu
strutsi

aslan
leijona

meymun
apina

flamingo
flamingo

tutuquşu
papukaija

qütb ayısı
jääkarhu

pinqvin
pingviini

köpəkbalığı
hai

tovuz
riikinkukko

ilan
käärme

timsah
krokotiili

zoopark işçisi
eläintarhanhoitaja

suiti
hylje

yaquar
jaguaari

poni

poni

bəbir

leopardi

hippopotam

virtahepo

zürafə

kirahvi

qartal

kotka

qaban

villisika

balıq

kala

tısbağa

kilpikonna

morj

mursu

tülkü

kettu

ceyran

gaselli

amerikan futbolu
amerikkalainen jalkapallo

velosiped sürmək
pyöräily

tennis
tennis

basketbol
koripallo

üzgüçülük
uinti

boks
nyrkkeily

buz xokkeyi
jääkiekko

futbol

jalkapallo

badminton

sulkapallo

yüngül atletika

yleisurheilu

həndbol

käsipallo

xizək

hiihto

polo

poolo

# fəaliyyət
# aktiviteetit

gülmək
nauraa
tullanmaq
hypätä
qucaqlaşmaq
halata
getmək
kävellä
oxumaq
laulaa
yuxu qörmək
unelmoida
dua etmək
rukoilla
öpüşmək
suudella

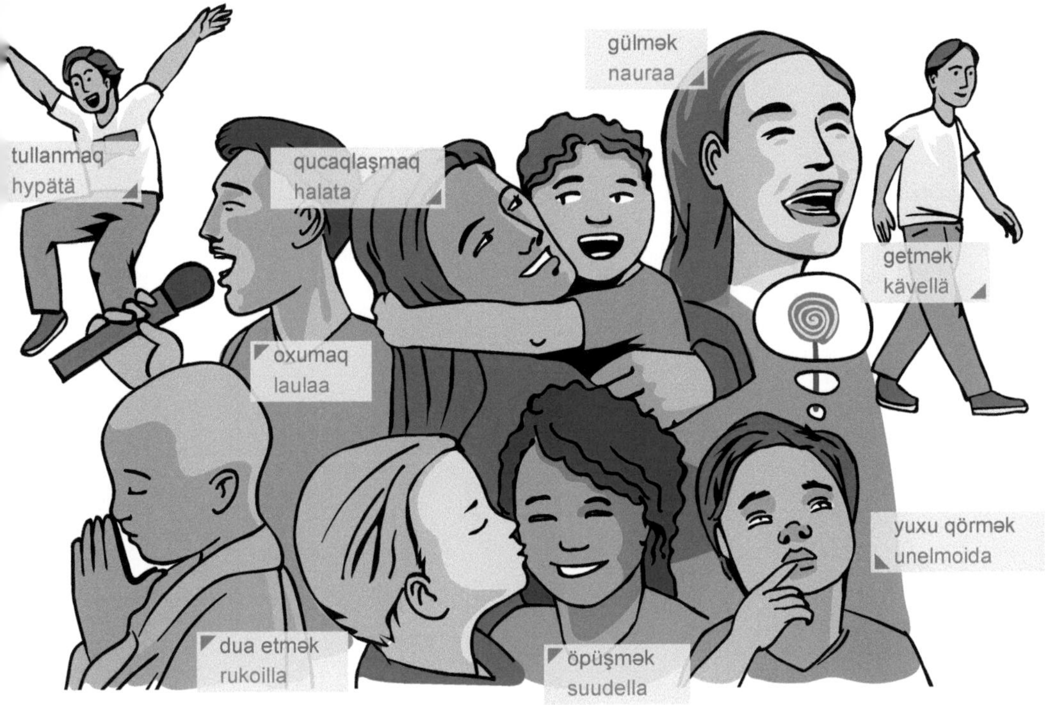

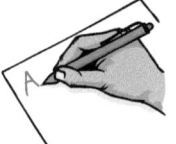

yazmaq

kirjoittaa

çəkmək

piirtää

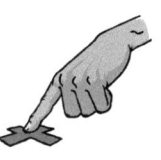

göstərmək

näyttää

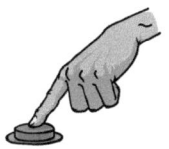

itələmək

painaa

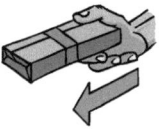

vermək

antaa

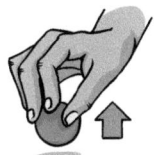

götürmək

ottaa

sahibi olmaq
omistaa

etmək
tehdä

olmaq
olla

durmaq
seisoa

qaçmaq
juosta

çəkmək
vetää

atmaq
heittää

düşmək
kaatua

uzanmaq
maata

gözləmək
odottaa

daşımaq
kantaa

oturmaq
istua

geyinmək
pukeutua

yatmaq
nukkua

ayılmaq
herätä

baxmaq

katsoa

ağlamaq

itkeä

sığallamaq

silittää

daramaq

kammata

danışmaq

puhua

anlamaq

ymmärtää

soruşmaq

kysyä

dinləmək

kuunnella

içmək

juoda

yemək

syödä

təmizləmək

siivota

sevmək

rakastaa

bişirmək

keittää

sürmək

ajaa

uçmaq

lentää

üzmək

purjehtia

hesablamaq

laskea

oxumaq

lukea

öyrənmək

oppia

işləmək

työskennellä

evlənmək

mennä naimisiin

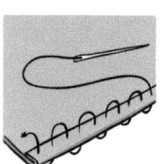

tikmək

ommella

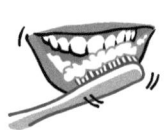

dişləri təmizləmək

pestä hampaat

öldürmək

tappaa

siqaret çəkmək

tupakoida

göndərmək

lähettää

66          fəaliyyət  -  aktiviteetit

# ailə
# perhe

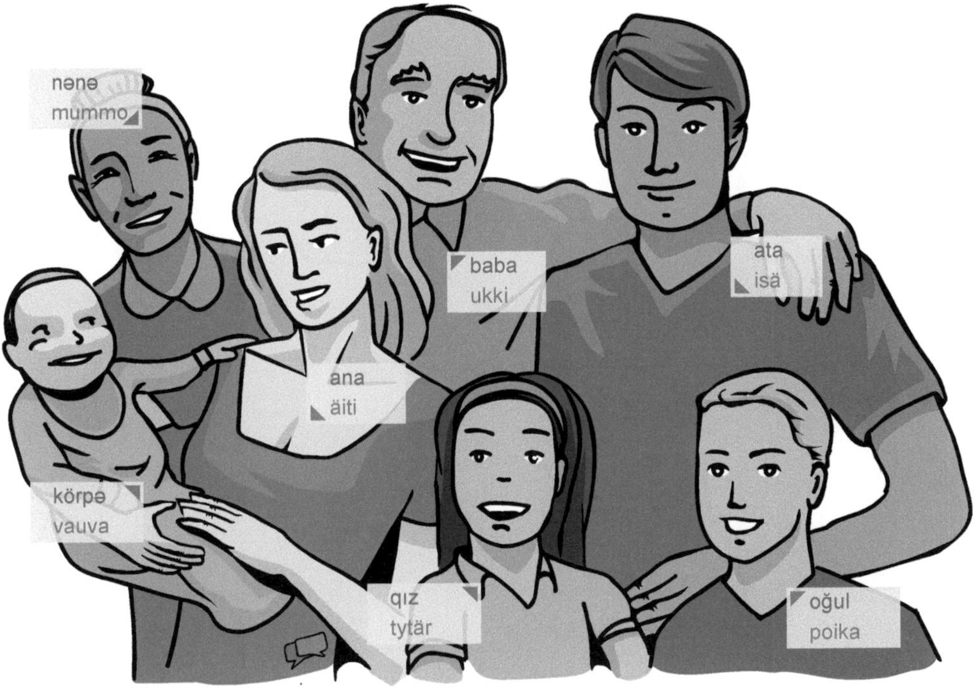
nənə
mummo
baba
ukki
ata
isä
ana
äiti
körpə
vauva
qız
tytär
oğul
poika

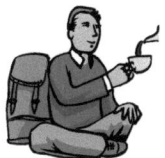

qonaq

vieras

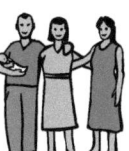

xala/bibi

täti

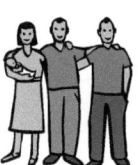

əmi/dayı

setä

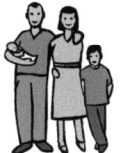

qardaş

veli

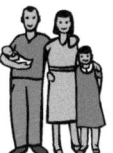

bacı

sisko

# bədən

# vartalo

alın
otsa
göz
silmä
çiyin
olkapää
barmaq
sormet
üz
kasvot
buxaq
leuka
əl
käsi
ayaq
jalka
döş
rinta
qol
käsivarsi

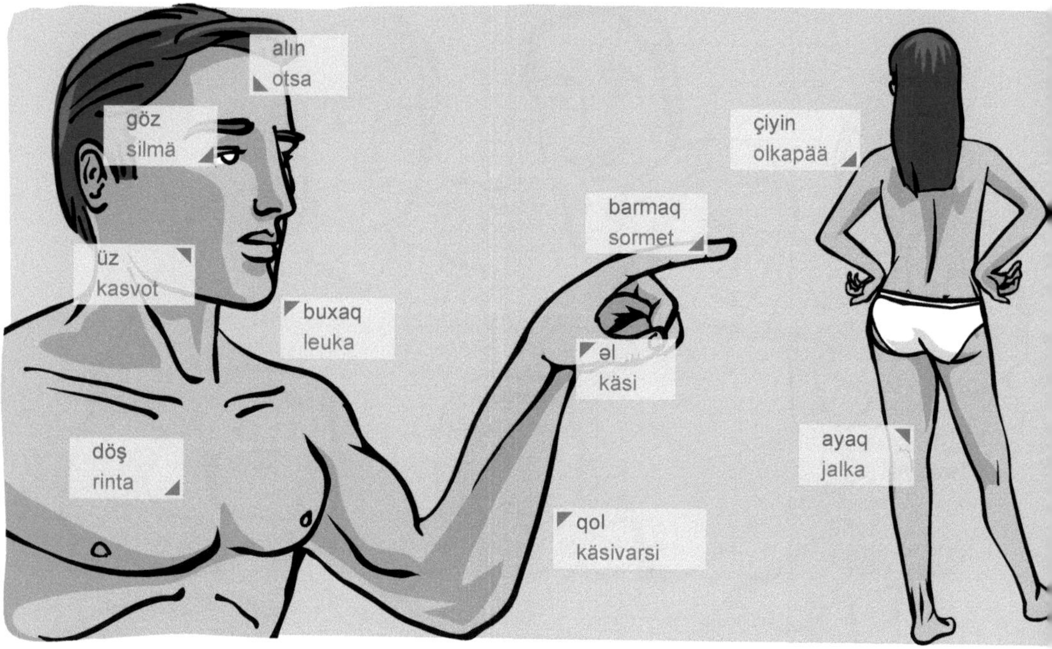

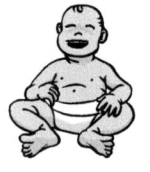

körpə

vauva

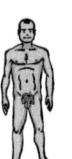

kişi

mies

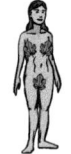

qadın

nainen

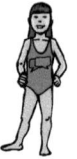

qız

tyttö

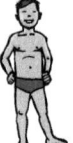

oğlan

poika

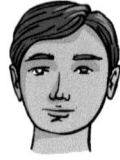

baş

pää

| | | |
|---|---|---|
| 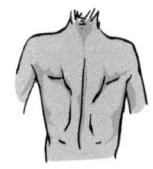 | 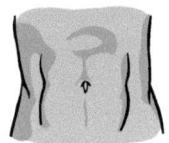 | 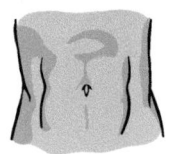 |
| bel | qarın | göbək |
| selkä | maha | napa |
| 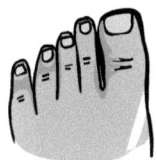 | 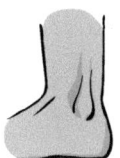 | 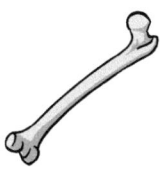 |
| ayaq barmağı | daban | sümük |
| varvas | kantapää | luu |
| 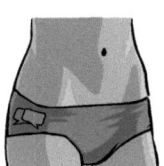 | 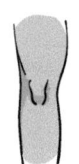 |  |
| bud | diz | dirsək |
| lantio | polvi | kyynärpää |
|  |  | 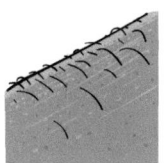 |
| burun | sağrı | dəri |
| nenä | takapuoli | iho |
| 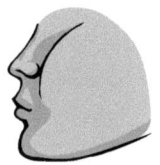 | 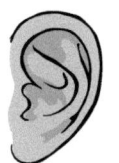 | 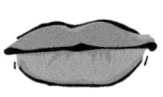 |
| yanaq | qulaq | dodaq |
| poski | korva | huuli |

ağız
suu

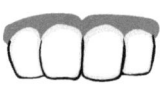

diş
hammas

dil
kieli

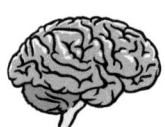

beyin
aivot

ürək
sydän

əzələ
lihas

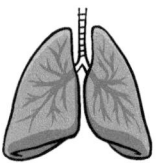

ağciyər
keuhkot

qaraciyər
maksa

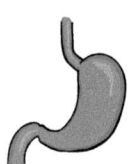

mədə
vatsa

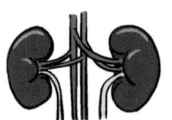

böyrəklər
munuaiset

cinsi yaxınlıq
seksi

kondom
kondomi

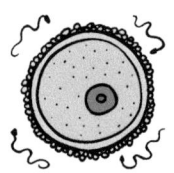

qadın cinsi hüceyrə
munasolu

sperma
sperma

hamiləlik
raskaus

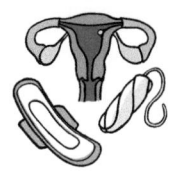

aybaşı
..................
kuukautiset

vagina
..................
vagina

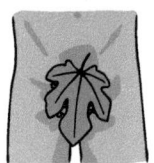

penis
..................
penis

qaş
..................
kulmakarvat

saç
..................
hiukset

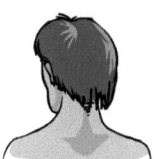

boyun
..................
niska

# xəstəxana

# sairaala

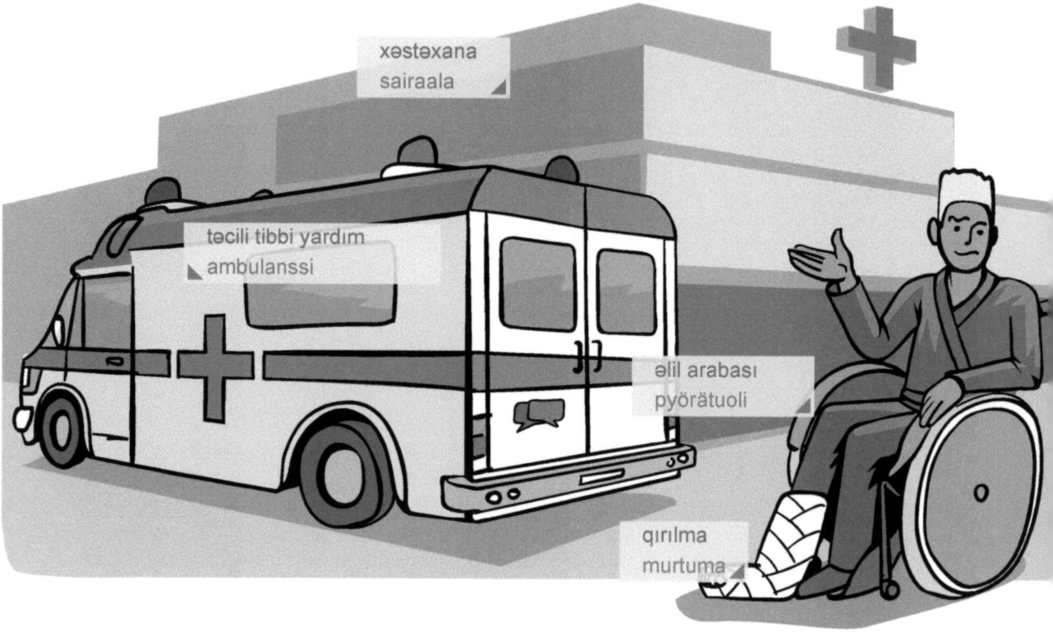

xəstəxana
sairaala
təcili tibbi yardım
ambulanssi
əlil arabası
pyörätuoli
qırılma
murtuma

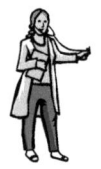

həkim

lääkäri

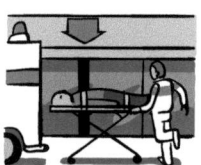

reanimasiya şöbəsi

ensiapu

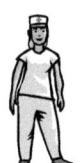

tibb bacısı

sairaanhoitaja

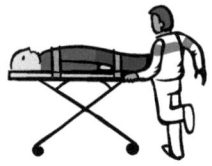

fövqəladə hallar

hätätilanne

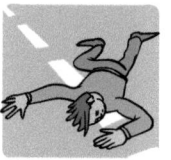

huşunu itirmiş

tajuton

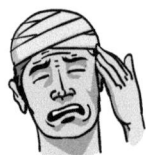

ağrı

kipu

zədə

vamma

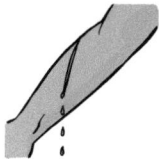

qanaxma

verenvuoto

infarkt

sydänkohtaus

insult

aivoinfarkti

allergiya

allergia

öskürək

yskä

qızdırma

kuume

qrip

flunssa

ishal

ripuli

başağrısı

päänsärky

xərçəng

syöpä

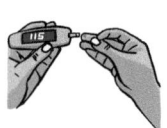

şəkərli diabet

diabetes

cərrah

kirurgi

neştər

veitsi

əməliyyat

leikkaus

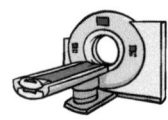

CT
ct

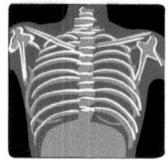

rentgen
röntgen

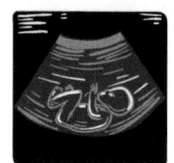

ultrasəs
ultraääni

maska
maski

xəstəlik
sairaus

gözləmə otağı
odotushuone

qoltuqağacı
sauva

plaster
laastari

sarğı
side

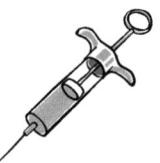

inyeksiya
pistos

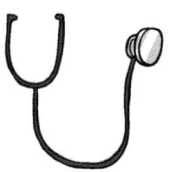

steteskop
stetoskooppi

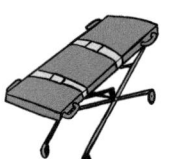

xərək
paarit

hərarətölçən
kuumemittari

doğum
syntymä

çəki artıqlığı
ylipaino

eşitmə aparatı
kuulolaite

dezinfeksiyaedici
desinfiointiaine

infeksiya
infektio

virus
virus

QİÇS
HIV / AIDS

tibb
lääke

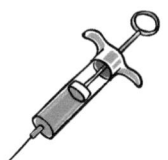

peyvənd
rokotus

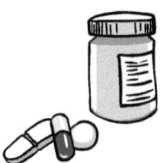

həblər
tabletit

həb
pilleri

təcili zəng
hätäpuhelu

qan təzyiqini ölçmək üçün
cihaz
verenpainemittari

xəstə / sağlam
sairas / terve

Kömək edin!

Apua!

həyəcan siqnalı

hälytys

basqın

ryöstö

hücum

hyökkäys

təhlükə

vaara

ehtiyat çıxışı

hätäuloskäynti

Yanğın!

Tulipalo!

odsöndürən

palosammutin

qəza

onnettomuus

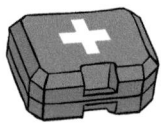

ilkin yardım qutus

ensiapulaukku

SOS

SOS

polis

poliisilaitos

Avropa

Eurooppa

Şimali Amerika

Pohjois-Amerikka

Cənubi Amerika

Etelä-Amerikka

Afrika

Afrikka

Asiya

Aasia

Avstraliya

Australia

Atlantik

Atlantin valtameri

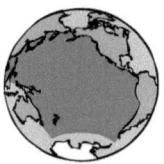

Sakit Okean

Tyynimeri

Hind okeanı

Intian valtameri

Antarktika Okeanı

Eteläinen jäämeri

Şimal Buzlu okeanı

Pohjoinen jäämeri

Şimal qütbü

pohjoisnapa

Cənub qütbü
etelänapa

Antarktika
Antarktis

Yer kürəsi
maa

ölkə
maa

dəniz
meri

ada
saari

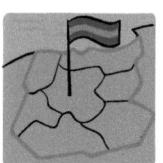

millət
kansa

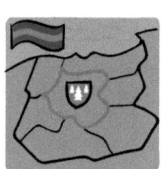

dövlət
osavaltio

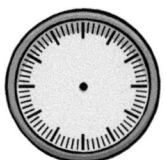

siferblat

kellotaulu

saat əqrəbi

tuntiviisari

dəqiqə əqrəbi

minuuttiviisari

saniyə əqrəbi

sekuntiviisari

Saat neçədir?

Paljonko kello on?

gün

päivä

vaxt

aika

indi

nyt

rəqəmsal saat

digitaalikello

dəqiqə

minuutti

saat

tunti

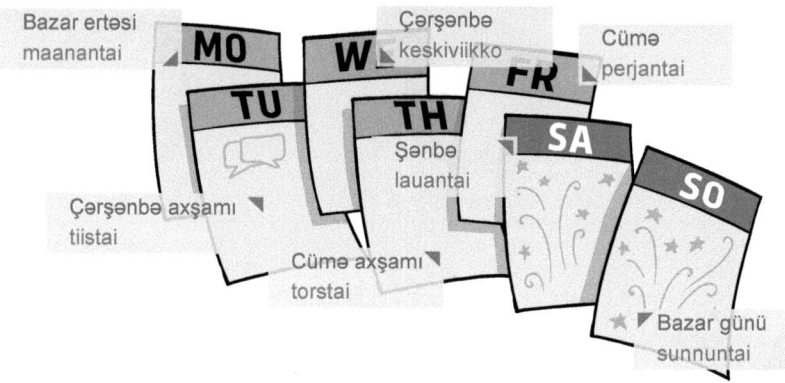

Bazar ertəsi
maanantai

MO

Çərşənbə
keskiviikko

W

Cümə
perjantai

FR

TU

TH

SA

Şənbə
lauantai

SO

Çərşənbə axşamı
tiistai

Cümə axşamı
torstai

Bazar günü
sunnuntai

dünən
.............
eilen

bugün
.............
tänään

sabah
.............
huomenna

səhər
.............
aamu

günorta
.............
keskipäivä

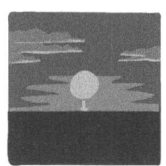

axşam
.............
ilta

| MO | TU | WE | TH | FR | SA | SU |
|----|----|----|----|----|----|----|
| 1 | 2 | 3 | 4 | 5 | 6 | 7 |
| 8 | 9 | 10 | 11 | 12 | 13 | 14 |
| 15 | 16 | 17 | 18 | 19 | 20 | 21 |
| 22 | 23 | 24 | 25 | 26 | 27 | 28 |
| 29 | 30 | 31 | 1 | 2 | 3 | 4 |

iş günü
.............
työpäivät

| MO | TU | WE | TH | FR | SA | SU |
|----|----|----|----|----|----|----|
| 1 | 2 | 3 | 4 | 5 | 6 | 7 |
| 8 | 9 | 10 | 11 | 12 | 13 | 14 |
| 15 | 16 | 17 | 18 | 19 | 20 | 21 |
| 22 | 23 | 24 | 25 | 26 | 27 | 28 |
| 29 | 30 | 31 | 1 | 2 | 3 | 4 |

həftə sonu
.............
viikonloppu

# il

# vuosi

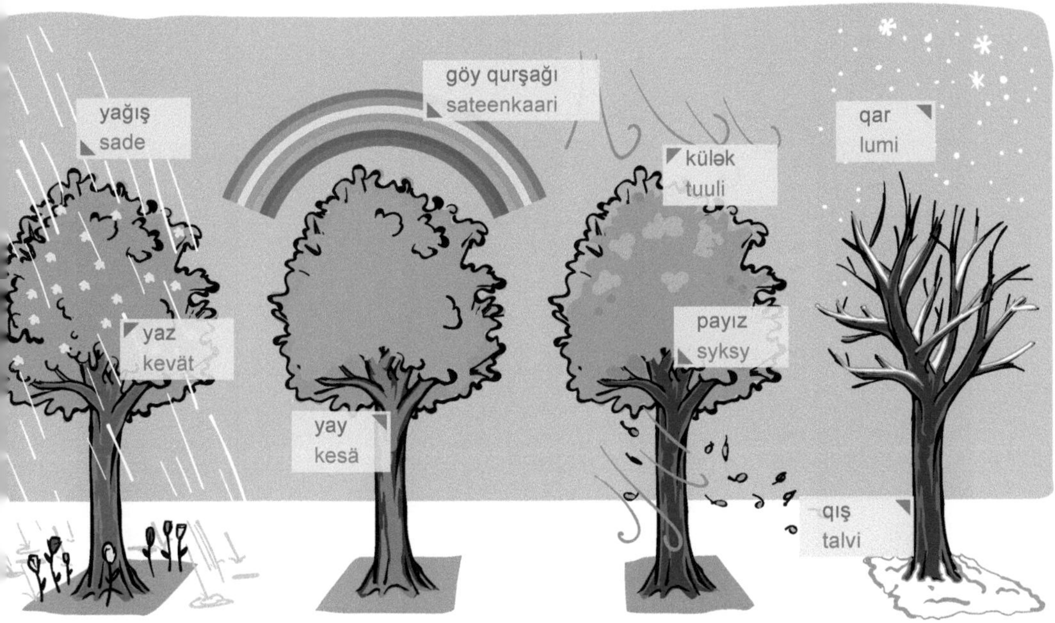

yağış
sade
göy qurşağı
sateenkaari
külək
tuuli
qar
lumi
yaz
kevät
payız
syksy
yay
kesä
qış
talvi


4.APRIL 11°
5.APRIL 4°
6.APRIL 13°
7.APRIL 8°
8.APRIL 10°


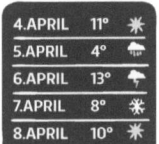

hava proqnozu

sääennuste

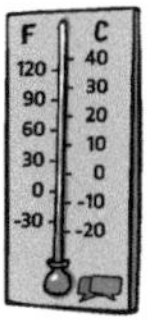

F C
120 40
90 30
60 20
30 10
0 0
-30 -10
-20


termometr

lämpömittari

günəş işığı

auringonpaiste

bulud

pilvi

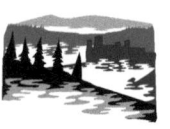

duman

sumu

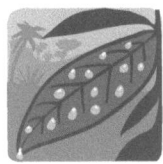

rütubət

ilmankosteus

ildırım
salama

göy gurultusu
ukkonen

fırtına
myrsky

dolu
rae

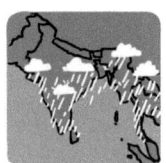

musson
monsuuni

daşqın
tulva

buz
jää

yanvar
tammikuu

fevral
helmikuu

mart
maaliskuu

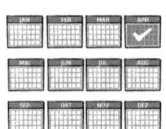

aprel
huhtikuu

may
toukokuu

iyun
kesäkuu

iyul
heinäkuu

avqust
elokuu

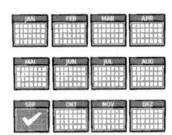

sentyabr

syyskuu

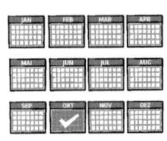

oktyabr

lokakuu

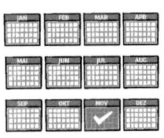

noyabr

marraskuu

dekabr

joulukuu

# formalar
## muodot

dairə

ympyrä

kvadrat

neliö

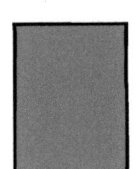

düzbucaqlı

suorakulmio

üçbucaq

kolmio

kürə

pallo

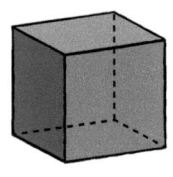

kub

kuutio

ağ

valkoinen

sarı

keltainen

narıncı

oranssi

çəhrayı

vaaleanpunainen

qırmızı

punainen

bənövşəyi

violetti

mavi

sininen

yaşıl

vihreä

palıdı

ruskea

boz

harmaa

qara

musta

çox / az

paljon / vähän

qeyzli / sakit

vihainen / ystävällinen

yaraşıqlı / eybəcər

kaunis / ruma

başlanğıc / son

alku / loppu

böyük / kiçik

suuri / pieni

işıqlı / qaranlıq

vaalea / tumma

qardaş / bacı

veli / sisko

təmiz / kirli

puhdas / likainen

tam / natamam

täydellinen / epätäydellinen

gündüz / gecə

päivä / yö

ölü / diri

kuollut / elävä

geniş / dar

leveä / kapea

yemeli / yeyilməyən

syötävä / syömäkelvoton

hirsli / mehriban

paha / kiltti

həyəcanlı / bezmiş

innostunut / tylsistynyt

kök / arıq

lihava / laiha

ilk / son

ensimmäinen / viimeinen

dost / düşmən

ystävä / vihollinen

dolu / boş

täysi / tyhjä

sərt / yumşaq

kova / pehmeä

ağır / yüngül

painava / kevyt

aclıq / susuzluq

nälkä / jano

xəstə / sağlam

sairas / terve

qanunsuz / qanuni

laiton / laillinen

ağıllı / axmaq

älykäs / tyhmä

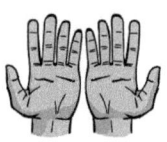

sol / sağ

vasen / oikea

yaxın / uzaq

lähellä / kaukana

yeni / istifadə edilmiş

uusi / käytetty

heç bir şey / bir şey

ei mitään / jotain

qoca / gənc

vanha / nuori

açma / bağlama

päällä / pois päältä

açıq / bağlı

auki / kiinni

sakit/ bərk

hiljainen / äänekäs

varlı / kasıb

rikas / köyhä

düzgün / səhv

oikein / väärin

kobud / hamar

karhea / sileä

kədərli / xoşbəxt

surullinen / iloinen

qısa / uzun

lyhyt / pitkä

yavaş / sürətli

hidas / nopea

yaş / quru

märkä / kuiva

isti / sərin

lämmin / viileä

müharibə / sülh

sota / rauha

**0**
sıfır
nolla

**1**
bir
yksi

**2**
iki
kaksi

**3**
üç
kolme

**4**
dörd
neljä

**5**
beş
viisi

**6**
altı
kuusi

**7**
yeddi
seitsemän

**8**
səkkiz
kahdeksan

**9**
doqquz
yhdeksän

**10**
on
kymmenen

**11**
on bir
yksitoista

## 12
on iki
kaksitoista

## 13
on üç
kolmetoista

## 14
on dörd
neljätoista

## 15
on beş
viisitoista

## 16
on altı
kuusitoista

## 17
on yeddi
seitsemäntoista

## 18
on səkkiz
kahdeksantoista

## 19
on doqquz
yhdeksäntoista

## 20
iyirmi
kaksikymmentä

## 100
yüz
sata

## 1.000
min
tuhat

## 1.000.000
milyon
miljoona

İngilis dili

englanti

İngilis dilinin amerikan variantı

amerikanenglanti

Çin dilinin Mandarin dialekti

mandariinikiina

Hind dili

hindi

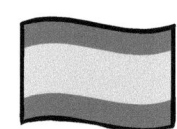

İspan dili

espanja

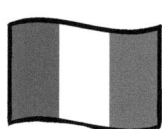

Fransız dili

ranska

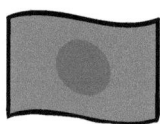

Ərəb dili

arabia

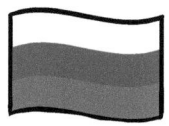

Rus dili

venäjä

Portuqal dili

portugali

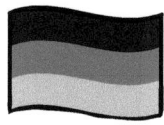

Benqal dili

bengali

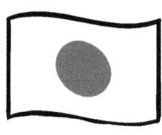

Alman dili

saksa

Yapon dili

japani

mən
minä

sən
sinä

o / o / o
hän

biz
me

siz
te

onlar
he

kim?
kuka?

nə?
mitä / mikä?

necə?
miten?

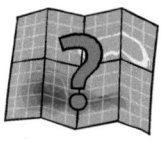

harada?
missä?

nə zaman?
milloin?

ad
nimi

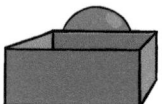

arxadan

takana

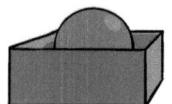

içində

sisällä

qarşısında

edessä

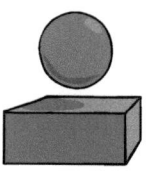

üzərində

yläpuolella

dair

päällä

altında

alapuolella

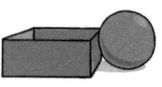

yanaşı

vieressä

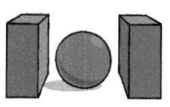

arasında

välissä

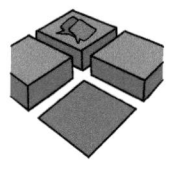

yer

paikka